中国社会科学院创新工程学术出版资助项目

科技创新企业
品牌竞争力指数报告

赵顺龙　杨世伟◎主编

REPORT ON SCIENCE AND TECHNOLOGY INNOVATION ENTERPRISE
BRAND COMPETITIVENESS INDEX

经济管理出版社
ECONOMY & MANAGEMENT PUBLISHING HOUSE

图书在版编目（CIP）数据

科技创新企业品牌竞争力指数报告/赵顺龙，杨世伟主编. —北京：经济管理出版社，2017.12

ISBN 978-7-5096-5566-5

Ⅰ.①科…　Ⅱ.①赵…②杨…　Ⅲ.①高技术企业—企业竞争—品牌战略—研究报告—中国　Ⅳ.①F279.244.4

中国版本图书馆 CIP 数据核字（2017）第 313752 号

组稿编辑：范美琴
责任编辑：范美琴
责任印制：黄章平
责任校对：王纪慧

出版发行：经济管理出版社
　　　　　（北京市海淀区北蜂窝 8 号中雅大厦 A 座 11 层　100038）
网　　址：www. E-mp. com. cn
电　　话：（010）51915602
印　　刷：玉田县昊达印刷有限公司
经　　销：新华书店
开　　本：720mm×1000mm/16
印　　张：13.5
字　　数：221 千字
版　　次：2017 年 12 月第 1 版　2017 年 12 月第 1 次印刷
书　　号：ISBN 978-7-5096-5566-5
定　　价：68.00 元

《科技创新企业品牌竞争力指数报告》
学 术 委 员 会

序　言

　　2014 年 5 月，习近平总书记在河南视察时提出，要推动“中国制造向中国创造转变、中国速度向中国质量转变、中国产品向中国品牌转变”。习总书记“三个转变”的精辟论述将品牌建设提高到了新的战略高度，尤其是面对国际经济环境不确定和当前中国经济发展多期叠加背景下，意义更是十分重大，为中国品牌建设指明了方向。

　　2016 年 6 月，国务院办公厅发布的《关于发挥品牌引领作用　推动供需结构升级的意见》（国办发〔2016〕44 号）明确提出：按照党中央、国务院关于推进供给侧结构性改革的总体要求，积极探索有效路径和方法，更好发挥品牌引领作用，加快推动供给结构优化升级，适应引领需求结构优化升级，为经济发展提供持续动力。以发挥品牌引领作用为切入点，充分发挥市场决定性作用、企业主体作用、政府推动作用和社会参与作用，围绕优化政策法规环境、提高企业综合竞争力、营造良好社会氛围，大力实施品牌基础建设工程、供给结构升级工程、需求结构升级工程，增品种、提品质、创品牌，提高供给体系的质量和效率，满足居民消费升级需求，扩大国内消费需求，引导境外消费回流，推动供给总量、供给结构更好地适应需求总量、需求结构的发展变化。

　　2017 年 3 月，李克强总理在 2017 年政府工作报告中明确提出，广泛开展质量提升行动，加强全面质量管理，健全优胜劣汰质量竞争机制。质量之魂，存于匠心。要大力弘扬工匠精神，厚植工匠文化，恪尽职业操守，崇尚精益求精，培育众多“中国工匠”，打造更多享誉世界的“中国品牌”，推动中国经济发展进入质量时代。

　　进入 21 世纪后，尽管中国品牌工作推进缓慢，但中国企业在品牌建设上做了诸多尝试。以联想集团收购 IBM-PC 品牌、吉利汽车集团收购沃尔沃品牌为标志，开始了中国企业收购国外品牌的过程。这说明中国的经济实力在增强，中国的企业在壮大，也说明了中国的品牌实力在增强，实现了从无到有和从小到大的过程。

在世界品牌实验室（World Brand Lab）发布的2016年"世界品牌500强"排行榜中，美国占据227席，仍然是当之无愧的品牌强国，继续保持明显领先优势；英国、法国均以41个品牌入选，并列第二；日本、中国、德国、瑞士和意大利分别以37个、36个、26个、19个和17个品牌入选，位列第三阵营。美国品牌在2016年"世界品牌500强"中占据了近45.4%，中国只占7.2%，而中国制造业增加值在世界占比达到20%以上，由此可以看出，中国还是一个品牌弱国，中国在品牌建设与管理的道路上还有很长的路要走，有大量的工作要做。

经过改革开放近40年的发展，中国的工业化走过了借鉴、模仿阶段，进入了创新超越为主的阶段，中国现已形成了雄厚的工业基础，不仅有"高铁"、"天河计算机"、"北斗导航卫星"、"C919"等特大型高端制造，也有"华为"、"格力"、"海尔"等电子、家电制造业，还有"阿里巴巴"、"腾讯"、"京东"、"百度"等一大批拥有自主知识产权的信息产业，这些产业和产品正活跃在国际市场上，创造了一个又一个神话。中国的"一带一路"倡议为中国企业走向世界，为中国企业品牌塑造将起到推波助澜的作用。2017年5月2日，国务院办公厅批复同意自2017年起，将每年5月10日设立为"中国品牌日"。

为了实现党中央、国务院提出关于推进供给侧结构性改革的总体要求，要发挥品牌引领作用，推动供需结构升级。围绕品牌建设影响因素，打牢品牌发展基础，为发挥品牌引领作用创造条件。推行更高质量标准，支持具有核心竞争力的专利技术向标准转化，增强企业市场竞争力。培育若干具有国际影响力的品牌评价理论研究机构和品牌评价机构，开展品牌基础理论、价值评价、发展指数等研究，提高品牌研究水平，发布客观公正的品牌价值评价结果以及品牌发展指数，逐步提高公信力。

为了推进中国品牌管理和品牌建设工作，中国社会科学院工业经济研究所、中国企业管理研究会、江苏省科技创新协会、长三角创新发展研究院、中国企业管理研究会品牌管理专业委员会、南京工业大学经济与管理学院等相关机构组织国内专家学者连续多年深耕品牌管理和品牌建设，在借鉴大量专家学者的研究成果基础上完成了品牌竞争力指数评价体系的研究，建立了无形资产、有形资产、质量和创新的四位一体模式。愿本体系能为中国的品牌管理和品牌建设提供有价值的思想、理念和方法，也为中国企业提升品牌竞争力发挥应有的作用。

本书编委会

2017 年 12 月 14 日

目录

应用篇

导言
研究背景与意义

20世纪80年代以来，世界经济发展最重要的特征之一就是经济全球化，中国改革开放的政策推动了中国经济融入全球化，中国制造在全球化背景下走向了国际市场。由于中国企业经历市场经济洗礼的时间较短，虽然有大量商品行销全世界，但没有及时加强品牌管理，失去了提高产品美誉度和知名度的机会，重销售轻品牌的思想一直制约着中国企业的品牌建设。众所周知，品牌是产品内在品质的外在表现，品牌是企业综合实力的体现，品牌是企业生存和发展的灵魂，品牌建设是一个企业长期积淀、文化积累和品质提升的过程，一个成功的品牌需要经历品牌管理和建设，品牌建设包括了品牌定位、品牌规划、品牌形象、品牌扩张等历程。中国的品牌崛起之路不会一蹴而就，需要经历一个培育、发展、成长、成熟的过程。品牌竞争力是企业或产品在市场上取得持续竞争优势，相对于竞争对手所具有的整合资源的能力。

1. 品牌建设的春天来到了

2011年，《国民经济和社会发展第十二个五年规划纲要》提出了"推动自主品牌建设，提升品牌价值和效应，加快发展拥有国际知名品牌和国际竞争力的大型企业"的要求，为贯彻落实此规划精神，工信部、国资委、商务部、农业部、国家质检总局、工商总局等部门非常重视，分别从不同角度发布了一系列品牌建设的指导意见。工信部等七部委于2011年7月联合发布了《关于加快我国工业企业品牌建设的指导意见》，为工业企业品牌建设引领了方向并提供了政策支撑。国家质检总局于 2011 年 8 月发布了《关于加强品牌建设的指导意见》，明确了加强品牌建设的指导思想和基本原则、重点领域、主要措施和组织实施。国务院国有资产监督管理委员会于 2011 年 9 月发布了《关于开展委管协会品牌建设工作的指导意见》，为委管协会品牌建设工作明确了方向。这一系列相关政策的发布，在政策层面上为中国品牌建设提供了保障，为全面加强中国品牌建设、实施品牌强国战略、加快培育一批拥有知识产权和质量竞争力的知名品牌明确了原则和方向。

2014 年 5 月，习近平总书记在河南视察时提出，要推动"中国制造向中国创造转变、中国速度向中国质量转变、中国产品向中国品牌转变"。习总书记"三个转变"的精辟论述将品牌建设提高到了新的战略高度，尤其是面对国际经济环境不确定性增强和当前中国经济发展多期叠加背景下，意义更是十分重大，为中国品牌建设指明了方向。

2016 年 6 月，国务院办公厅发布的《关于发挥品牌引领作用　推动供需结构升级的意见》（国办发〔2016〕44 号）明确提出：按照党中央、国务院关于推进供给侧结构性改革的总体要求，积极探索有效路径和方法，更好发挥品牌引领作用，加快推动供给结构优化升级，适应引领需求结构优化升级，为经济发展提供持续动力。以发挥品牌引领作用为切入点，充分发挥市场决定性作用、企业主体作用、政府推动作用和社会参与作用，围绕优化政策法规环境、提高企业综合竞争力、营造良好社会氛围，大力实施品牌基础建设工程、供给结构升级工程、需求结构升级工程，增品种、提品质、创品牌，提高供给体系的质量和效率，满足居民消费升级需求，扩大国内消费需求，引导境外消费回流，推动供给总量、供给结构更好地适应需求总量、需求结构的发展变化。

2017 年 3 月，李克强总理在 2017 年政府工作报告中明确提出，广泛开展质量提升行动，加强全面质量管理，健全优胜劣汰质量竞争机制。质量之魂，存于匠心。要大力弘扬工匠精神，厚植工匠文化，恪尽职业操守，崇尚精益求精，培育众多"中国工匠"，打造更多享誉世界的"中国品牌"，推动中国经济发展进入质量时代。

进入 21 世纪后，尽管中国品牌工作推进缓慢，但中国企业在品牌建设上做了诸多尝试。以联想集团收购 IBM-PC 品牌，吉利汽车集团收购沃尔沃品牌为标志，开始了中国企业收购国外品牌的进程。这既说明中国的经济实力在增强，中国的企业在壮大，也说明了中国的品牌实力在增强，实现了从无到有和从小到大的过程。

在世界品牌实验室（World Brand Lab）发布的 2016 年"世界品牌 500强"排行榜中，美国占据 227 席，仍然是当之无愧的品牌强国，继续保持明显领先优势；英国、法国均以 41 个品牌入选，并列第二；日本、中国、德国、瑞士和意大利分别以 37 个、36 个、26 个、19 个和 17 个品牌入选，位列第三阵营。从表 1 可以看出，美国在 2016 年"世界品牌 500 强"中占比近 45.4%，中国只占 7.2%，而中国制造业增加值在世界占比达到 20% 以上，由此可以看出，中国还是一个品牌弱国，中国在品牌建设与管理的道路上还有很长的路要走，有大量的工作要做。但是从 2013～2016 年的增长趋势来看，中国品牌的增长速度是最快的，入选数量从 25 个升至 36 个，而其他国家基本微弱增长或减少。

表 1　2013～2016 年不同国家入选"世界品牌 500 强"数量

国家	入选数量（个）				代表性品牌	趋势
	2016 年	2015 年	2014 年	2013 年		
美国	227	228	227	232	谷歌、苹果、亚马逊、通用汽车、微软	降
英国	41	44	42	39	联合利华、汇丰、汤森路透、沃达丰	升
法国	41	42	44	47	路易威登、香奈儿、迪奥、雷诺、轩尼诗	降
日本	37	37	39	41	丰田、佳能、本田、索尼、松下、花王	降
中国	36	31	29	25	国家电网、工行、腾讯、中央电视台、海尔	升
德国	26	25	23	23	梅赛德斯—奔驰、宝马、思爱普、大众	升
瑞士	19	22	21	21	雀巢、劳力士、瑞信、阿第克	降
意大利	17	17	18	18	菲亚特、古琦、法拉利、普拉达	降
荷兰	8	8	8	9	壳牌、飞利浦、喜力、TNT、毕马威	降
瑞典	7	7	7	7	宜家、H&M、诺贝尔奖、伊莱克斯	平

国务院办公厅在 2016 年发布的《意见》中明确提出，随着中国经济发

展，居民收入快速增加，中等收入群体持续扩大，消费结构不断升级，消费者对产品和服务的消费提出更高要求，更加注重品质，讲究品牌消费，呈现出个性化、多样化、高端化、体验式消费特点。发挥品牌引领作用，推动供给结构和需求结构升级，是深入贯彻落实"创新、协调、绿色、开放、共享"发展理念的必然要求，是今后一段时期加快经济发展方式由外延扩张型向内涵集约型转变、由规模速度型向质量效率型转变的重要举措。发挥品牌引领作用，推动供给结构和需求结构升级，有利于激发企业创新创造活力，促进生产要素合理配置，提高全要素生产率，提升产品品质，实现价值链升级，增加有效供给，提高供给体系的质量和效率；有利于引领消费，创造新需求，树立自主品牌消费信心，挖掘消费潜力，更好发挥需求对经济增长的拉动作用，满足人们更高层次的物质文化需求；有利于促进企业诚实守信，强化企业环境保护、资源节约、公益慈善等社会责任，实现更加和谐、更加公平、更可持续的发展。2017 年 5 月 2 日，国务院办公厅批复同意自 2017 年起，将每年 5 月 10 日设立为"中国品牌日"。

2. 中国品牌走向世界具备了雄厚的工业基础

纵观历史，任何一个后起的工业国，其工业产品都经历过抄袭、模仿、改进、创新的过程。经历"山寨"的阶段是工业化的必然结果。只要我们面对现实勇于创新，这个痛苦的阶段会很快过去，尊重知识重视专利保护，完善企业经济的法制环境，相信中国工匠精神将传遍全球。

德国进入工业化后也经历过"山寨"阶段：向英、法学习，偷人家的技术，仿造人家的产品。为此，英国议会还特别于 1887 年 8 月 23 日通过对《商标法》的修改，要求所有进入英国本土和殖民地市场的德国进口货必须注明"德国制造"。"Made in Germany"在当时实际上是一个带有侮辱性色彩的符号。19 世纪 90 年代初，由于德国有基础科学上的雄厚根基，很快就建立起科学理论与工业实践之间的联系，从而在半个世纪的时间里将世界一流的科学家队伍、工程师队伍和技术工人队伍结合在一起，领导了"内燃机和电气化革命"，使德国工业经济获得了跳跃式的发展。此后，德国的机械、化工、电器、光学，直到厨房用具、体育用品都成为世界上质量最过硬的产品，"德国制造"成为质量和信誉的代名词。德国最有名的公司，几乎都是从那个阶段成长起来的，它们直到今天都保持着世界性的声誉。

日本的工业化初期是明治维新到"二战"时期，是以"山寨"美国产品为主的阶段，那个时期的日本产品在中国被称为"东洋货"，日本就是靠这些"山寨"产品踏上了工业现代化之路；"二战"结束到 20 世纪 70 年代初，日本在国际市场的压力下，从抄袭走向模仿为主的阶段，使日本从一个经济崩溃的战败国发展成经济巨人；20 世纪 70~90 年代，是创新超越为主的阶段，"日本制造"不仅登上世界舞台，成为各国企业竞相研究、学习和模仿的对象，日本也一跃成为仅次于美国的世界第二大经济体。"日本制造"成为质量和信誉的代名词。此后，日本的汽车、照相机、打印机等白色电器成为世界名牌工业品。

经过改革开放近 40 年的发展，中国的工业化走过了借鉴、模仿阶段，进入了创新超越为主阶段。中国现已形成了雄厚的工业基础，不仅有"高铁"、"天河计算机"、"北斗导航卫星"、"C919"等特大型高端制造业，也有"华为"、"格力"、"海尔"等电子、家电制造业，还有"阿里巴巴"、"腾讯"、"京东"、"百度"等一大批拥有自主知识产权的信息产业，这些产业和产品正活跃在国际市场上，相信会创造出一个又一个神话。中国"一带一路"倡议为中国企业走向世界，为中国企业品牌的塑造将起到推波助澜的作用，中国品牌的春天来到了。

3. 在供给侧结构性改革过程中，充分发挥品牌引领作用

改革开放近 40 年，中国品牌建设实践积累了一些成功经验。中国企业从 20 世纪 80 年代中期开始了品牌建设的实践，1984 年 11 月，双星集团前身是青岛橡胶九厂，时任党委书记汪海举行了新闻发布会，成为国有企业中第一个以企业的名义召开的新闻发布会，并给到会记者每人发了一双高档旅游鞋和几十元红包，这在当时是前所未有的。此事件之后，"双星"品牌红遍全国。1985 年 12 月，海尔集团的前身——青岛冰箱总厂的张瑞敏"砸冰箱"事件，代表了中国企业开始自觉树立品牌的质量意识。从那时起，海尔坚持通过品牌建设实现了全球的本土化生产。根据世界权威市场调查机构欧睿国际（Euromonitor）发布的 2014 年全球大型家用电器调查数据显示，海尔大型家用电器品牌零售量占全球市场的 10.2%，位居全球第一，这是海尔大型家电零售量第六次蝉联全球第一，更是首次突破两位数。同时，海尔冰箱、洗衣机、冷柜、酒柜的全球品牌份额也分别继续蝉联全球第一。

近40年的品牌建设过程中也经历过沉痛的失败教训。早在20世纪90年代，在利益的驱动下，政府颁发奖项名目繁多，十年评出6000多个国家金奖、银奖和省优部优，这种无序的系列评选活动被国家强制叫停。国家层面的评奖没有了，社会上卖金牌的评审机构如雨后春笋般出现，竟高达2000多个，严重误导了消费者，扰乱了市场秩序。2000年国务院批准评选中国名牌和世界名牌，直到2008年"三鹿奶粉"恶性质量案件的披露，导致评选中国名牌、世界名牌的工作被瞬间叫停。

一个国家国际知名品牌多少是衡量该国经济实力强弱的重要标志。随着中国经济实力的增强，国际地位和工业化水平的提高，中国企业在国际上影响力的提升，中国的品牌意识产生了，这是工业化发展的结果，也是时代的要求。长期以来，中国品牌建设由于缺乏品牌的正能量引导，消费者变得无所适从，再加上假冒伪劣问题屡见报章，消费者逐渐对国产品牌失去信任，出现了热衷消费海外产品的现象。因而，打造、培育知名品牌，引领产业升级和供给侧改革，是当务之急。要尽快建立健全我国国内知名品牌和国际知名品牌的产生机制，把李克强总理所说的"打造享誉世界的中国品牌"落到实处。

发挥品牌影响力，采取切实可行措施，扩大自主品牌产品消费，引领消费结构升级。建立企业信用档案，逐步加大信息开发利用力度。提高信用水平，在消费者心目中树立良好的企业形象。设立"中国品牌日"，大力宣传知名自主品牌，讲好中国品牌故事，提高自主品牌影响力和认知度。树立科学消费观念，自觉抵制假冒伪劣产品。清理"三无"产品，保障品牌产品渠道畅通，释放潜在消费需求。

按照党中央、国务院关于推进供给侧结构性改革的总体要求，发挥品牌引领作用，推动供需结构升级，着力解决制约品牌发展和供需结构升级的突出问题。

加快政府职能转变，创新管理和服务方式，为发挥品牌引领作用、推动供给结构和需求结构升级保驾护航。完善标准体系，提高计量能力、检验检测能力、认证认可服务能力、质量控制和技术评价能力，不断夯实质量技术基础。增强科技创新支撑，为品牌发展提供持续动力。健全品牌发展法律法规，完善扶持政策，净化市场环境。加强自主品牌宣传和展示，倡导自主品牌消费。发挥企业主体作用，切实增强品牌意识，苦练内功，改善供给，适应需求，做大做强品牌。支持企业加大品牌建设投入，增强自主创新能力，追求卓越质量，不断丰富产品品种，提升产品品质，建立品牌管理体系，提高品牌培育能力。引导企业诚实经营，信守承诺，积极履行社会责任，不断提升品牌形象。加强人才队伍建设，发挥企业家领军作用，培养引进品牌管理专业人才，造就一大批技艺精湛、技术高超的技能人才，切实提高企业综合竞争力。凝聚社会共识，积极支持自主品牌发展，助力供给结构和需求结构升级。培养消费者自主品牌情感，树立消费信心，扩大自主品牌消费。发挥好行业协会的桥梁作用，加强中介机构能力建设，为品牌建设和产业升级提供专业有效的服务。坚持正确舆论导向，关注自主品牌成长，讲好中国品牌故事，大力营造良好社会氛围，打造一系列国际权威的中国品牌。

为了实现党中央、国务院提出的关于推进供给侧结构性改革的总体要求，发挥品牌引领作用，推动供需结构升级。围绕品牌建设影响因素，打牢品牌发展基础，为发挥品牌引领作用创造条件。推行更高质量标准，支持具有核心竞争力的专利技术向标准转化，增强企业的市场竞争力。培育若干具有国际影响力的品牌评价理论研究机构和品牌评价机构，开展品牌基础理论、价值评价、发展指数等研究，提高品牌研究水平，发布客观公正的品牌价值评价结果以及品牌发展指数，逐步提高公信力。

正如中国品牌建设促进会理事长刘平均在 2017 年"两会"接受采访时所说：中国品牌建设促进会确定了未来十年要打造 120 个农产品的国际知名品牌，500 个制造业的国际知名品牌，200 个服务业的国际知名品牌的目标。加强品牌管理和品牌建设将成为推进供给侧结构性改革的总体要求下经济发展的重要举措。

为了推进中国品牌管理和品牌建设工作，借鉴发达国家的品牌管理理论研究和品牌管理实践，中国社会科学院工业经济研究所、中国企业管理研究会、江苏省科技创新协会、长三角创新发展研究院、中国企业管理研究会品牌管理专业委员会、南京工业大学经济与管理学院等相关机构组织国内专家学者连续多年深耕品牌管理和品牌建设，在借鉴大量专家的研究成果基础上完成了品牌竞争力指数评价体系的研究，建立了无形资产、有形资产、质量和创新的四位一体模式。希望本体系能为中国的品牌管理和品牌建设提供有价值的思想、理念和方法，为中国企业提升品牌竞争力发挥应有的作用。

　　本书以江苏省科技创新企业作为样本，发布 2016 年前 50 家企业的品牌竞争力指数，该指数的发布只是一个起点，未来我们将会持续发布。此外，本书还对互联网企业的品牌价值进行了评估，希望专家学者和企业界的朋友们提出建议、给予指导，进一步完善我们的评价体系，更好地为中国企业的品牌建设和品牌管理服务。

理论与方法篇

第一章
品牌、品牌竞争力与科技创新
品牌竞争力基础理论

第一节　品牌和品牌竞争力的内涵

一、品牌的内涵

(一) 品牌的概念

关于品牌的定义至今没有统一的说法，其内涵的叙述大致分为以下几类：

1. 品牌是一种标志

美国市场营销协会（American Marketing Association，1960）把品牌定义为：品牌是用以识别一个或一群产品或劳务的名称、术语、象征、记号或设计及其组合，目的是与其他竞争者的产品或劳务相区别。菲利普·科特勒（1988）认为，品牌是一种名称、名词、标记、设计或是它们的组合运用，其目的是辨认某个销售者或某群销售者的产品，并使之同竞争对手的产品区别开来①。

---

① 菲利普·科特勒（Philip Kotler）. 市场营销管理（第六版）　[M] . 北京：华夏出版社，2004.

2. 品牌是一种资源

这一观点从品牌主体的角度出发认为，"品牌"是企业或品牌主体（包括城市、个人等）一切无形资产总和的全部浓缩，而这一浓缩又可以以特定的形象及个性化"符号"来识别，它是主体与客体、主体与社会、企业与消费者相互作用的产物。Aaker（1996）认为品牌是企业的无形资产，它能够带来经济价值并为股东创造财富①。站在消费者的立场，艾伦·亚当森（2007）指出，品牌是存在于你头脑中的某些东西。它是与消费者紧密相连的产品或服务的承诺，可以说这是一种精神联系②。

3. 品牌是一种关系

这一观点认为品牌是将消费者与企业紧密联系起来的一种无形力量，企业运用各种方法建立了品牌，并通过品牌的力量最终使消费者对企业产生某种感知和情感。消费者和企业通过品牌建立以情感为核心的联结，企业创造品牌，消费者认知并认可品牌，品牌是企业和消费者之间相互沟通、相互作用、相互影响的无形载体。

以上学者从不同的领域和角度对品牌做出了定义，本书更倾向于将品牌看成一种关系资源，品牌作为企业的重要无形资产，将企业品牌和其他企业的品牌区别开来，在为企业持续创造利润的同时也为消费者创造附加价值。

（二）品牌的特征

1. 虚拟性

品牌本身不具有独立的物质实体，是无形的、虚拟的，但它以实体物质为载体，是通过一系列物质载体来表现自己的。直接的载体主要有图形、品牌标记、文字、声音；间接载体主要有产品的价格、质量、服务、市场占有率、知名度、亲近度、美誉度等。

2. 竞争性

品牌是企业市场竞争的工具。在产品功能、结构等因素趋于一致时，关键是看谁的品牌过硬。拥有品牌的企业，就能在未来竞争中处于有利的位置，留住老顾客，开发出大量的潜在消费者，树立起良好的品牌形象，提高

---

① Aaker D. A. Building Strong Brands [M]. The Free Press, 1996.
② 艾伦·亚当森. 品牌简单之道 [M]. 姜德义译. 北京：中国人民大学出版社，2007.

市场覆盖率和占有率，赢得更大的利润和效益。

3. 资产性

品牌是企业的一种无形资产。品牌所代表的意义、个性、品质和特征具有某种价值。这种价值是我们看不见、摸不到的，但却能为品牌拥有者创造大量的超额利益。很多年来，可口可乐的品牌价值是其有形资产的数倍，创造的利润也是其有形产品创造的数倍。

4. 忠诚性

现代市场竞争从某种意义上说，就是品牌竞争。许多消费者购买的是品牌，而不是产品，他们往往会根据自己的消费体验来指定品牌购买，甚至没有他要的品牌就不购买，如有些消费者购买运动装，就专买李宁，其他品牌运动服饰一概不穿。品牌是赢得消费者重复购买、大量购买的"魔力"，强势品牌比起一般品牌更是棋高一着。强势品牌可以影响人们的生活态度和观点，可以影响社会风气。

5. 专属性

品牌具有明显的排他专属性。品牌代表一个企业在市场中的形象和基于品牌管理的企业竞争力地位，是企业进入市场的一张通行证，是企业和市场的桥梁和纽带。在某种意义上说，品牌是企业参与市场竞争的法宝、武器和资本。同时，品牌属于知识产权的范畴。企业可以通过保密和企业保护法来维护自己的品牌，有时通过在国家有关部门登记注册、申请专利等形式保护自己的品牌权益，有时又借助法律保护并以长期生产经营服务中的信誉取得社会的公认，如品牌名称、标志，这些都有力地说明了品牌具有专属性。

6. 风险性和不确定性

品牌具有一定的风险性及不确定性。品牌潜在价值可能很大，也可能很小。它有时可使产品获得很高的附加值，有时则由于企业的产品或服务质量出现意外，或由于企业的资产运作状况不佳及产品售后服务不过关等，使企业产品迅速贬值。例如，三鹿、双汇在出现突发性危机之后，品牌形象和品牌价值都受到了很大的影响。

（三）品牌的功能

1. 识别功能

识别功能是指品牌能够尽快地帮助消费者找出他所需的产品，缩短消费者在选购商品时所花费的时间和精力。品牌是一种无形的识别器，是产品和企业的"整体"概念。它使消费者在购买具有某种使用价值的商品时，面对琳琅满目的商品，能很快做出选择。正因为品牌是产品的标志，代表着产品的品质、特色、承诺，所以缩短了消费者的购买时间和过程。品牌经过国家有关部门登记注册后，成为企业的代号，代表着企业的经营特色、质量管理要求、产品的形象等。如果某一品牌在消费者心目中已形成良好的印象，易使消费者在种类繁多的商品中很快做出选择，认牌购买。

2. 维权功能

通过登记注册，品牌可以受到法律法规保护，禁止他人非法利用。如果质量有问题，消费者可以根据其品牌与企业进行交涉，依法向其提出索赔，保护自身的正当权益。

3. 促销功能

促销功能主要表现在两个方面：一方面，由于品牌是产品品质、特色、档次的标志，易引起消费者的注意，满足他们的欲求，因此易赢得消费者的选择和厚爱，实现扩大产品销售的目的；另一方面，由于消费者往往依照品牌选择产品，甚至指牌购买，这就促使生产经营管理者更加关心品牌的形象，不断开发新产品，推陈出新，加强质量和服务管理，提高其品牌知名度、美誉度，使品牌走上良性循环的轨道。

4. 旗帜功能

20 世纪七八十年代，日本的汽车产品进入美国市场时，就是依靠"丰田"、"本田"、"日产"等几面大旗，迅速打开且占领美国很大一部分市场，日本汽车给美国本土汽车生产企业带来了巨大的挑战。旗帜功能对我国的市场经济发展十分重要，中国如今急需一大批知名的品牌改变中国制造在全球的产品形象。

5. 形象塑造功能

品牌代表着企业形象。在消费者的心目中，总是把品牌实力与企业的形象联系在一起。品牌有利于塑造企业的形象，提高其知名度、信赖度，为企业多元化及品牌延伸打下坚实有力的基础。

(四) 品牌的意义①

1. 企业角度

从企业角度看，品牌已经成为一种经营理念和经营模式，是直接的目标市场，是盈利的源泉，是对社会和消费者的承诺。

(1) 品牌是企业资产，是生产经营的资源，可以配置、并购、买卖。

(2) 品牌是企业竞争力，是创新性技术、超群的质量、独特的服务的综合表现，是企业经济实力的代表。

(3) 品牌是企业的利益源泉，拥有品牌意味着企业可以获得更高利润率和市场回报。

(4) 品牌传递着企业的文化，体现着对消费者的承诺和社会的责任、环境的责任。

(5) 品牌是企业的发展能力，是国际化的通行证。

(6) 品牌是企业联系消费者、联系市场的纽带，是获取需求、获取市场的手段。

2. 消费者角度

从消费者角度看，品牌代表的是生活方式和生活水平，代表消费理念、消费行为和消费习惯，是购买欲和购买力，是对企业及其产品的关注度和参与度。

(1) 品牌是消费者对商品、服务以及企业的信赖。

(2) 品牌是消费者对其所传递文化和精神价值的认同和追求。

(3) 品牌意味着安全可靠，可以节约消费的时间成本，降低消费风险。

3. 社会角度

从社会角度看，品牌代表高品质、高收益，品牌价值体现生产力发展水平、经济发展水平和发展方式，它是一个区域乃至国家的资源和财富，是社会经济发展的竞争力和稳定的驱动力。

(1) 品牌企业和企业品牌是一种重要的社会资源，具有较强的号召力，

---

① 刘平均. 品牌价值发展理论 [M]. 北京：中国质检出版社，中国标准出版社，2016.

是国家和地区的名片。

（2）培育发展或引进品牌企业和品牌产品，意味着带来了投资、市场、技术、税收，降低了经济风险，促进了就业和经济发展。

（3）在品牌经济环境下，品牌已经成为重要的社会资源。浏览不同机构发布的世界品牌榜单可以发现，相当一部分上榜品牌属于电信、银行、保险、电力以及石油等基础设施领域，如通信领域的中国移动、美国电话电报公司、德国电信、英国沃达丰等电信运营商。这说明这些品牌已经成为重要的社会基础设施和公共服务的提供者，对社会经济发展和民生均起到了重要的支撑作用。

二、品牌竞争力的内涵

（一）品牌竞争力的定义

关于品牌竞争力的定义目前还没有统一的说法，现将品牌竞争力的定义归纳如表 1-1 所示。

表 1-1　部分学者对品牌竞争力定义的研究

年份	研究者	对品牌竞争力的定义
2002	菲利普·科特勒	品牌的本质是企业与消费者之间的无形契约。契约的一方是企业，另一方是消费者，企业以对产品或服务的质量等项目做出商业承诺为内容，消费者以向企业支付"品牌溢价"为砝码，他们之间形成了一种"对等的"市场交换关系。这种契约的深入就形成了品牌竞争力
2002	阿尔克（Aaker）	品牌竞争力是在一定的市场环境中，企业拥有的塑造强势品牌并支持强势品牌持久发展的能力。该能力是企业在长期的品牌管理实践中逐渐积累，并整合企业品牌管理中各项技能而形成的
2002	季六祥	品牌竞争力分为广义和狭义，广义的品牌竞争力涵盖企业、产业、区域、国家、国际或全球诸层面竞争力关于品牌形象的整合与统一。狭义的品牌竞争力则指品牌在竞争性市场中所具有的能够持续地比其他品牌更有效地获得市场认可与支持的整体形象特质，也可称之为企业形象的整体竞争力，即以企业形象为核心，关于企业战略、管理模式、技术路线、企业文化及信息化支持等形象要素的有效整合

年份	研究者	对品牌竞争力的定义
2002	邝红艳	品牌竞争力是品牌在竞争的环境中，为谋求企业长远发展，通过对自身可控资源的有效配置和利用，使其产品和服务比竞争对手更好更快地满足消费者，为企业提供超值利润的能力。刘迎秋等认为，企业品牌表现出来的区别或领先于其他竞争对手的独特能力，是一种以企业生产组织能力、研发和技术创新能力、市场营销能力与开拓能力等为基础的市场占有能力
2003	李光斗	品牌竞争力是企业的品牌拥有区别于其他竞争对手或在行业内能够保持独树一帜、能够引领企业发展的独特能力；这种能力能够在市场竞争中显示出品牌内在的品质、技术性能和完善的服务
2004	范晓屏	品牌竞争力是某一品牌由于其特殊性或不易被其对手模仿的技术、设计、效用、成本等优势而形成的开拓市场、占领市场的能力
2004	许基南	品牌竞争力是指企业通过对资源的有效配置和使用，使其品牌比竞争对手的品牌更好地满足消费者的需求，从而在扩大市场份额、获取高额利润方面与竞争品牌在市场竞争中产生的比较能力
2005	胡大立	品牌竞争力是指企业在市场竞争中与竞争对手相较量时由品牌所表现出来的一种市场力量，这种力量使企业的品牌区别或领先于其他竞争对手并支持自身持久的发展
2005	沈占波	品牌竞争力是品牌参与市场竞争的一种综合能力，是由于其特殊性或不易被竞争对手模仿的优势而形成的占有市场、获得动态竞争优势、获取长期利润的能力，具体体现在品质、形象、个性、服务等方面
2005	刘迎秋	品牌竞争力是企业自身品牌拥有区别于竞争对手或在行业内独树一帜，能够引领企业发展的独特能力，这种能力能够在市场竞争中显示为品牌内在的品质、技术性能和完善的服务
2005	许基南	品牌竞争力广义上覆盖了大部分层面，小到企业层面，大到国家层面，是这些层面上品牌内涵的综合体现；狭义上指品牌企业在竞争中所获得的市场接纳与品牌的整体综合形象，这些综合体优于竞争对手，所以也可以称为品牌的整合竞争力

续表

年份	研究者	对品牌竞争力的定义
2006	汪波	品牌竞争力是品牌企业在激烈的竞争环境中，为了谋求企业的长期发展，通过对有用的资源进行合理分配，让自己的服务与产品在市场优于竞争者，这样可以更加契合地满足消费者，为企业带来超额利润
2007	刘迎秋等	企业品牌表现出来的区别或领先于其他竞争对手的独特能力，是一种以企业生产组织能力、研发和技术创新能力、市场营销能力与开拓能力等为基础的市场占有能力
2007	王影	品牌竞争力即企业基于资源的有效配置和使用，促使自身品牌与竞争对手品牌相比能够更好地满足消费者需求，扩大市场占有率，并获取高额利润的能力
2010	何阿钐	品牌竞争力是品牌竞争的结果，是品牌参与市场竞争的一种综合能力，是由于其特殊性或不易被竞争对手模仿的优势而形成的占有市场、获得动态竞争优势、获取长期利润的能力，具体体现在品质、形象、个性、服务等方面
2012	吕艳玲、王兴元	品牌竞争力是由多种因素共同作用的复杂的体系，一般把品牌竞争力划分为显性和隐性两方面的竞争力。显性品牌竞争力主要衡量和评价品牌的市场表现及成果，主要从市场和消费者层面进行评价。品牌竞争是抢占消费者的心智趋向的特殊竞争力，是在品牌知名度、品牌美誉度、品牌忠诚度方面的反映性指标。隐性品牌竞争力是反映品牌的差别化优势与顾客感知优势的本源竞争力
2012	杨礼茂	品牌竞争力强调的是一种比较能力，也就是它总是体现在与竞争对手的比较之中；品牌竞争力是一种市场能力，它和品牌价值的区别在于，品牌竞争力是从市场营销的角度去评判的，而非从财务的角度，因此，对于品牌竞争力的评价我们更重视的往往是市场方面的指标；品牌竞争力和消费者密切相关，品牌竞争力提升的目的在于更好地满足消费者的需求
2013	余明阳	品牌竞争力由五大要素集合而成，即品质掌控力、团队文化力、研发创新力、营销推广力、形象传播力

续表

年份	研究者	对品牌竞争力的定义
2014	张建彬	品牌竞争力是一个组织为了长期的发展，通过资源的有效配置和使用，使企业的产品和服务比竞争者更好地为消费者和客户提供价值，并保持和增长价值，最终获得收益和盈利的能力
2014	杨华、常郭聪	品牌竞争力的来源是在占有和运作资源方面体现的相对于竞争对手的差异性，因此品牌竞争力可以使企业在严峻而激烈的市场竞争中通过自身的品牌特性与竞争者竞争，最终赢得企业的竞争优势，进而保持和加强竞争优势
2015	裴娅蕾	品牌竞争力是一个企业的综合能力，是在企业本身的特殊性、不可模仿性的优势下形成的市场占有率、竞争优势、获得利润的综合能力

以上学者关于品牌竞争力大多从狭义角度定义，存在以下共同之处：①品牌竞争力是一种比较能力；②主要体现在扩大市场份额、获取高额利润的能力；③品牌竞争力是企业综合实力的反映；④品牌竞争力是动态的产物。

本书同样从狭义的角度为品牌竞争力作出定义，关于广义的品牌竞争力内容将在后续的研究中展开。

综合以往学者观点，并基于对品牌本质和竞争力的认识，本书提出以下品牌竞争力的定义：狭义的品牌竞争力源于企业占有和运作关系资源的差异，通过品牌竞争的形式，为企业在市场上取得竞争优势、保持竞争优势和扩大竞争优势，是企业相对于竞争对手所具有的比较能力。广义的品牌竞争力是以比较优势理论、核心竞争力理论、协同理论等为基础，研究范围涵盖产品、企业、产业、区域等层面，反映在各自层面获取相对竞争优势能力的集合。

（二）品牌竞争力的特征

1. 长期性

品牌竞争力的形成是一个长期的过程，是企业对其资源有效配置的结果，并且受到企业的文化观、价值观等各方面因素的影响。因此，它会伴随企业的成长而成长，既不是一夜之间形成的，也不会突然消失。一个企业一旦拥有强势的品牌竞争力，则这种竞争力就能在一定的时间范围内长期保持下去。

2. 独特性

由于品牌竞争力是在品牌成长、发展过程中长期培育和积淀而成的，充满了潜在的经验和智能，是品牌特有的资源、技能、组织、知识、管理、文化的整合，与企业的发展模式、企业文化等要素密切相关，而这些要素对每个企业来说是不相同的。因此，不同企业的品牌竞争力的发展有其自身的轨迹，因而在较长时间内具有难以被竞争对手模仿和替代的特性。

3. 激励性

企业品牌竞争力的构建过程，也是一个品牌化的过程。在这个过程中，企业通过品牌来传达公司的价值和公司的文化，可以使员工们伴随着品牌竞争力的构建而一起成长，使他们最终成为公司品牌竞争力的一部分。而正是这类员工融入企业的过程，可以使员工的价值观和企业的品牌哲学更加一致，使员工认为自己就是整个企业的一部分。从企业内部来说，这可以激励员工以主人公的态度更加奋力工作；从企业外部来说，则可以形成良好的市场影响力，吸引消费者。

4. 延伸性

一个企业一旦形成强势的品牌竞争力，那么它就很容易利用本品牌，向新产品系列、多品牌和新品牌扩展。因为原有品牌已经拥有了很强的品牌竞争力，在市场上拥有一定的市场份额和忠实消费者。那么在该品牌进入新的领域时，原有的忠实消费者也很愿意跟随。比如宝洁公司的洗发水，当它在原有品牌的基础上进行种类扩展的时候，新品牌靠着原有的品牌竞争力创造了销售佳绩。所以，有强势品牌竞争力的企业拥有很强的品牌延伸性。

5. 价值性

品牌竞争力的价值性是指在品牌竞争中能为品牌发现、利用、提供市场机会，减少品牌在竞争中的不利因素的一种效用性。换句话说，就是品牌能够为顾客带来长期性的价值或实惠，有着被顾客看重的价值，可为企业创造长期的竞争主动权，能给企业带来超过同业平均利润水平的超值利润的能力特征。

（三）品牌竞争力的层次

国内有关学者对品牌竞争力层次做了相应的界定。一种观点认为，品牌竞争力广义上涵盖企业、产业、区域、国家或国际诸层面竞争力关于品牌形象的整合与统一①。另一种观点认为，品牌竞争力影响因素包括产业竞争性因素（也称市场竞争环境因素）和企业要素因素，而后者又包括技术要素、人力资源要素、文化要素、信息要素等②。还有一种观点认为，品牌竞争力可以表现为多层次的竞争力，大致可以区分为产品层次、企业层次、产业层次和区域层次，而其中产品层次的品牌竞争力是品牌竞争力的最根本落脚点③。

综合以上观点，本书根据研究的客观现状提出品牌竞争力的层次：产品层次、企业层次、产业层次和区域层次四个方面。本书以企业品牌竞争力为主要研究对象，产品品牌竞争力、产业品牌竞争力和区域品牌竞争力三个方面的内容将在后续的研究中展开。

以下将对四个层次的品牌竞争力的内涵及联系进行界定：

1. 产品层次的品牌竞争力

美国竞争能力总统委员会将产品竞争力定义为"产品和提供的服务符合国际市场要求的程度"。本书认为，产品层次的品牌竞争力是产品（服务）在市场占有率、持续获利能力以及获得客户支持等方面的综合能力。

产品层次的品牌竞争力是品牌竞争力的直接体现，也是企业品牌竞争力的重要组成部分。产品竞争力作为创新的直接结果，直接反映产品生产企业在一定时期所达到的竞争力水平和程度，是在市场竞争中产生的一种绝对优势力量。用品牌来扩大产品的影响，提高产品的竞争力，拓展市场占有率，是企业发展战略的重点，也是必由之路。

2. 企业层次的品牌竞争力

企业层次的品牌竞争力源于企业的占有和运作关系资源的差异，是企业通过品牌竞争的形式，为在市场上取得竞争优势、保持竞争优势和扩大竞争

---

① 季六祥. 一个全球化的品牌竞争力解析框架 [J]. 财贸经济, 2003（8）.
② 邴红艳. 品牌竞争力影响因素分析 [J]. 中国工程科学, 2002（5）.
③ 许基南. 品牌竞争力研究 [M]. 北京：经济管理出版社, 2005.

优势，而相对于竞争对手所具有的比较能力。

企业作为品牌竞争力实现的主体，企业层次的品牌竞争力是品牌竞争力的核心内容，是品牌竞争力的研究重点与立足点。企业层次的品牌竞争力主要反映企业在各种社会活动中，通过品牌竞争的形式，为在市场上取得竞争优势、保持竞争优势和扩大竞争优势，而相对于竞争对手所具有的比较能力。企业层次品牌竞争力受诸多因素的影响，且这些因素都不是孤立存在的，而是作为一个整体，对企业的存在状态发生作用。

3. 产业层次的品牌竞争力

产业层次的品牌竞争力指某个特定产业相对于其他产业在生产效率、满足市场需求、持续获利等方面所体现的竞争能力，是某一区域内产业竞争力状况的综合反映。

产业竞争力是一国的某一行业能够比其他国家的同类产业更有效地向市场提供产品或服务的综合素质。产业竞争力考虑的是国际间的对比，涉及的宏观因素较多，其评价体系与企业品牌竞争力评价体系区别较大，笔者将在后续的研究中深入探讨。

4. 区域层次的品牌竞争力

本书关于区域层次的品牌竞争力的界定是在政策制度、经济结构、产业实力、科学技术、商业文化等多个因素综合影响下，通过合理的资源优化配置，并结合区域发展特色以形成其独特的、偏好性的品牌形象，以获取持久的比较竞争优势，最终实现区域价值的系统合力。

区域层次的品牌竞争力是企业品牌理论在区域层面的应用和拓展，一个具体区域（如城市和地区）的品牌化是企业品牌理论应用的自然延伸。从区域营销到区域品牌的顺利过渡不仅是产品品牌的成功应用，还得益于企业品牌的快速发展（Balmer，2001；Balmer and Greyser，2003）。区域品牌在某种程度上类似于企业的"品牌伞"，因此，品牌管理从商业企业移植到公共部门似乎是企业品牌理论的逻辑拓展。关于区域品牌竞争力的评价研究要素较多，本书将在后续研究中深入探讨。

第二节　品牌竞争力的理论基础

一、比较优势理论

比较优势理论产生于 18 世纪中叶，完成于 20 世纪 30 年代。它从各国劳动生产率和资源禀赋差异的角度揭示了国际贸易产生的动因。比较优势理论包括绝对优势论、相对优势论和要素禀赋论。

在开放、自由和竞争的市场条件下，品牌竞争力就是企业的经济效率，包括技术效率和配置效率两个部分。在激烈的市场竞争中，企业为了生存和发展，既要关注产品创新、技术创新等来实现产出最大化，又要关注产品和要素价格、盈利能力、市场份额等来实现成本最小化。前者是为了获得技术效率，而后者是为了获得配置效率。

二、竞争优势理论

波特的竞争优势理论集中体现在其所著的《竞争优势》、《竞争战略》和《国家竞争优势》中。他的基本观点是，企业要获得竞争优势在于如何在产业竞争环境中确定竞争战略及如何付诸实施，核心理念是企业如何保持竞争优势。波特关于竞争力来源的思想可概括为五力竞争模型、三种竞争战略、价值链与企业竞争优势及波特的菱形理论。

（一）五力竞争模型

波特认为，一个企业获得竞争优势的前提是研究它所在行业的竞争结构。他提出了驱动产业的五种基本竞争作用力：潜在进入威胁、替代威胁、买方讨价还价能力、供方讨价还价能力和现有产业内竞争对手的竞争[①]。

---

① 迈克尔·波特. 竞争优势（中译本）［M］. 北京：华夏出版社，2005.

（二）三种竞争战略

波特的五力模型为企业采取进攻性行动还是防守性行动提供了指南。波特认为，公司可以采取许多不同方法与五种竞争力量对抗，但主要有三种基本战略方法，可能使公司成为同业中的佼佼者，它们是总成本领先战略、差异化战略与目标集聚战略①。

（三）价值链与企业竞争优势

价值链是波特分析竞争优势所创造的重要分析工具。"三种竞争战略"是确定企业竞争优势的方向，价值链则是从战术角度分析企业如何成功地实现竞争定位和竞争优势战略的操作工具。

（四）波特的菱形理论

波特的菱形理论要回答的问题是：为什么一国在某个特定的产业上获得了长久国际竞争力。在当代国际贸易中，许多发达国家的出口高度集中在少数明星产业上。波特菱形理论包括四个方面的因素：要素条件、本国需求条件、相关支持产业的国际竞争力和企业战略、结构与竞争程度。波特认为这四个方面的因素相互影响、相互加强，共同构成一个动态的激励创新的竞争环境，由此产生具有一流国际竞争力的明星产业。

三、核心能力理论

核心能力理论的创始人普拉哈拉德和英国学者哈默认为②，企业竞争优势的根本在于企业所拥有的核心能力，核心能力是企业长期竞争优势的源泉。一般来说，核心能力具有稀缺性、可延展性、价值性和难以模仿性等特征。

企业要获得和保持持久的竞争优势，就必须在核心能力、核心产品和最

---

① 迈克尔·波特. 竞争战略（中译本）［M］. 北京：华夏出版社，2005.
② Prahalad C. K., Hamel G. The Core Competence of the Corporation ［J］. Harvard Business Review, 1990（68）：79-91.

终产品三个层面上参与竞争。核心能力是企业竞争优势的源泉，最终产品是核心能力的市场表现，核心产品是核心能力的物质载体。只有在核心能力达到一定水平后，企业才能通过一系列组合和整合形成自己不易被人模仿、替代和占有的独特战略资源，才能获得和保持持久的竞争优势。

品牌竞争力由两部分组成：一是竞争力，而竞争力又分为一般竞争力和核心竞争力，前者是整体，后者是核心。二是品牌，品牌作为产品具有差异性和文化性的标志，是品牌竞争力研究的主体。总体来看，品牌竞争力是核心竞争力的组成部分，亦是其表现形式。

核心竞争力是指能使企业为顾客带来特别利益，使企业获取超额利润的一类独特技能和技术，为此核心竞争力必须具备三个特征：①明显的竞争优势；②扩展应用的潜力；③竞争对手难以模仿。对于消费者来说，企业的核心竞争力就是可感知的实实在在的利益。而品牌竞争力又是这种利益最佳的表现形式，同样，品牌竞争力与强势企业核心竞争力的特征具有高度的同一性。所以，品牌竞争力是企业核心竞争力的外在表现。这表现在：

第一，品牌竞争力具有不可替代的差异化能力，品牌竞争力是企业所独具的能力，是竞争对手不易甚至是无法模仿的。

第二，品牌竞争力具有使企业能够持续盈利的能力，更具有获取超额利润的品牌溢价能力。

第三，品牌竞争力统领企业其他所有竞争能力，品牌竞争力是处在核心地位的能力。

第四，品牌竞争力是企业长期积淀下来的能力，深深扎根于企业之中，作用长久，一般情况下不随环境的变化而发生质的变化。因此，它具有持续性和非偶然性的特点。

第五，品牌竞争力具有延展力，使企业得以扩展应有的潜力。

第六，品牌竞争力具有构建竞争壁垒的能力。

四、协同理论

协同论（Synergetics）亦称"协同学"或"协和学"，是 20 世纪 70 年代以来在多学科研究基础上逐渐形成和发展起来的一门新兴学科，是系统科学的重要分支理论。其创立者是联邦德国斯图加特大学教授、著名物理学家哈肯（Hermann Haken，1971）。

（一）协同论的概念

协同理论主要研究远离平衡态的开放系统在与外界有物质或能量交换的情况下，如何通过自己内部的协同作用，自发地出现时间、空间和功能上的有序结构。协同论以现代科学的最新成果——系统论、信息论、控制论、突变论等为基础，汲取了结构耗散理论的大量营养，采用统计学和动力学相结合的方法，通过对不同领域的分析，提出了多维空间理论，建立了一整套的数学模型和处理方案，在微观到宏观的过渡上，描述了各种系统和现象中从无序到有序转变的共同规律。

协同论是研究不同事物共同特征及其协同机理的新兴学科，是近十几年来获得发展并被广泛应用的综合性学科。它着重探讨各种系统从无序变为有序时的相似性。协同论的创始人哈肯说过，他把这个学科称为"协同学"，一方面是由于课题组所研究的对象是许多子系统的联合作用，以产生宏观尺度上的结构和功能；另一方面它又是由许多不同的学科进行合作，来发现自组织系统的一般原理①。

（二）品牌竞争力与协同论

协同论告诉我们，系统能否发挥协同效应是由系统内部各子系统或组分的协同作用决定的，协同得好，系统的整体性功能就好。如果一个企业系统内部，人、组织、环境等各子系统内部以及它们之间相互协调配合，共同围绕目标齐心协力地运作，那么就能产生"1+1>2"的协同效应。反之，如果一个管理系统内部相互掣肘、离散、冲突或摩擦，就会造成整个管理系统内耗增加，系统内各子系统难以发挥其应有的功能，致使整个系统陷入一种混乱无序的状态。

现代品牌竞争面临着一个复杂多变、不可预测、竞争激烈的环境，例如，全球经济一体化的趋势越明显，企业间的竞争越激烈；高新技术的出现

---

① 赫尔曼·哈肯. 协同学：大自然构成的奥秘 [M]. 上海：上海译文出版社，2005.

和更迭越来越快，产品的生命周期越来越短；消费者导向的时代已经到来，消费趋向多样化、个性化，对企业的生产方式带来了新的挑战；市场环境的变化和人们生活质量的提高，对企业的生产与服务提出了更高的要求；等等。在这样的背景下，企业品牌竞争力的提升与发展，除了协同好内部各子系统之间的关系之外，还需协同一切可以协同的力量来弥补自身的不足，提高自身的竞争优势。

第三节　品牌竞争力的来源及影响因素

一、品牌竞争力的来源

企业运作系统一般分为企业内部系统和外部系统。内部系统是指通过管理资源的配置，使采购、生产、储运、营销、服务、财务、研发和人事等活动依循各种规则运转起来，以实现企业的各种目标。在一定程度上，企业品牌竞争力的高低决定于企业创造绩效的能力，而创造绩效主要是通过内部系统来实现的，所以，企业的内部运作系统是品牌竞争力的主要来源；外部系统主要是指人口环境、经济环境、技术环境、自然环境、政治和法律环境、社会和文化环境等通过对企业内部系统的作用而对品牌竞争力产生影响。

本书在总结前人研究的基础上，抓住要点，对品牌竞争力的内、外部来源要素进行了提炼与改进，如图1-1所示。

由图1-1可以看出，品牌竞争力的来源主要包括以下内容：

（1）品牌竞争力的内部来源主要由两部分构成：①直接来源：品牌质量、价格、分销渠道、促销与品牌传播；②间接来源：管理、技术、人力资源、创新以及企业文化等。

（2）品牌竞争力的外部来源主要包括产业、战略联盟、政府政策、教育与文化等方面。

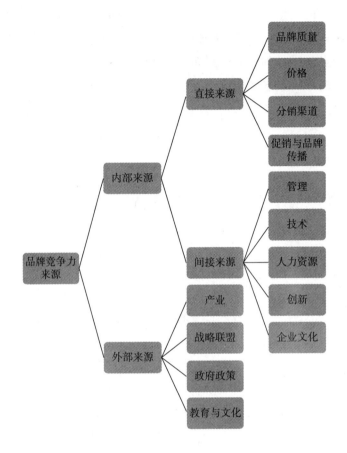

图 1-1　品牌竞争力的来源

二、品牌竞争力的影响因素

国内学者从各个不同的视角对品牌竞争力的影响因素进行了探讨，但是因为出发点不同使得对影响因素的分析也有很大的差异。对于品牌竞争力影响因素的分析，应该着眼于对品牌竞争力内涵的深层次理解，必须区别品牌竞争力的不同层次，然后结合不同层次的品牌竞争力进行具体的影响因素的分析，而不是笼统地加以概括。

研究品牌竞争力的目的在于研究如何增强企业的品牌竞争力。为了研究分析增强品牌竞争力的方法，必须找出影响品牌竞争力形成的因素。影响品牌竞争力的因素是多种多样的，国内的研究者分析了不同的影响因素。归纳起来，各研究者对品牌竞争力影响因素的探讨大致可分为从宏观角度出发和从微观角度出发两类。对品牌竞争力影响因素的研究如表1-2所示。

表 1-2　品牌竞争力的影响因素

分析角度	年份	研究者	影响因素
宏观角度	2002	郏红艳	产业竞争性因素：行业竞争力量、产业组织规模 企业要素因素：技术要素、人力资源要素、文化要素、信息要素 自身因素：品牌活力、品牌优势
	2005	许基南	内部来源：市场来源（产品、价格、分销渠道、促销与品牌传播）、产品来源（企业制度安排、企业管理、技术、人力资本和企业家、创新、企业文化） 外部来源：产业、政府政策、教育和文化、战略联盟
	2005	沈占波等	外显性因素：品牌质量支撑力、品牌资源筹供力、品牌创新力、品牌市场营销力 潜力性因素：品牌形象力、品牌市场力
微观角度	1993 1998	Keller	认为品牌的顾客价值优势导致的品牌忠诚是品牌竞争力和品牌竞争力评估的基础，是品牌权益最直接的表现，也是为企业带来超额收益和为企业创造财务价值的前提条件
	1990 2002	Asker	品牌延伸通过增强关键联想、避免消极联想与提高品牌知名度三方面提高核心品牌资产，从而加强企业市场竞争力；更进一步的，品牌延伸可以有效地降低新产品的市场引入成本，是品牌作为企业核心竞争力的重要表现之一
	2002	季六祥	企业核心层：企业形象竞争力、企业战略竞争力、企业管理竞争力、企业技术路线竞争力、企业文化竞争力、企业信息化竞争力

续表

分析角度	年份	研究者	影响因素
微观角度	2006	余明阳、刘春章	品牌价值力（品牌资产）：品牌知名度、品牌性格、品牌忠诚等 品牌创新力：创新环境、创新团队、创新资金、创新产品的市场适应性、研发转化为市场的能力 品牌品控力：对制造的基础资源、原材料、质量、工艺、流程的驾驭，即对品牌质量保证的能力 品牌营销力：主要包括网络（渠道）、终端、产品定位与市场定位（价格）、营销人员和营销体制，即能将品牌产品通过一定渠道，借助一定终端，销售给特定的消费者的能力 品牌传播力：主要指包括品牌性格、品牌文化、美誉度、定位度、知名度和忠诚度为核心的，针对消费受众的，有效的品牌传播
	2007	胡大立、谌飞龙	基础要素：产品（价格、品质、性能、品种、规格、设计、包装、寿命） 构成要素：名称、商标、术语等 支持要素：经营能力、资金实力、人力资源、商业环境、制造技术 强化要素：公共关系、通路、广告、售后服务、营业推广
	2008	施鹏丽、韩福荣	品牌市场力：品牌的市场占有能力、创利能力、持久发展能力 品牌创新力：技术（产品）创新能力、战略创新能力 品牌文化力：经营观、价值观、审美观等观念 品牌领导力：享受的销售优先权
	2008	项银仕	资源性要素：技术创新、人力资源、财力资源等 附加性要素：商标、装潢、说明、广告、信誉 核心性要素：产品特性、质量、服务和交付等 本质性要素：品牌文化、品牌战略方针以及企业创新和学习能力

续表

分析角度	年份	研究者	影响因素
微观角度	2008	晋雪梅	品牌商品力：企业形象、品牌特征、品牌产品的品质、售后状况调查、重大问题点和同类商品普遍性优势分析 品牌经营力：业内企业整体形象评价分析组织或企业的个性特征分析，品牌售前、售中、售后服务态度，品牌销售额在近期市场上的表现，品牌内部培训系统和水平与品牌知名度调查分析 品牌开发力：成本可控程度比较、生产潜在能力发掘、品牌商品开发能力分析 品牌销售力：销售形象、售货技巧
	2009	蒋璟萍	基础因素：物质竞争力（技术、质量、品牌差异性） 主导因素：文化竞争力（品牌理念、品牌形象、品牌个性） 目标因素：市场竞争力（营销、品牌忠诚度）
	2010	李文华等	从顾客价值视角看，品牌竞争力的影响因素包括品牌符号价值、功能价值、形象价值、情感价值
	2013	李德立、宋丽影	品牌竞争力的影响因素包括品牌资源力、品牌基础力、品牌支撑力、品牌发展力
	2014	周霞霞等	品牌竞争力的影响因素包括品牌管理能力、品牌基础能力、品牌市场能力、品牌外部环境因子

从表 1-2 中可以看出，从宏观角度分析的代表者是邝红艳、许基南和沈占波等。邝红艳认为，影响品牌竞争力的因素不仅包括企业方面，也包括产业竞争性因素。许基南的分析则更为全面，他将品牌置于产业环境、社会环境中进行研究，认为政府政策、产业因素、教育和文化水平都对品牌竞争力具有很大的影响。沈占波等则将品牌竞争力的影响因素分为外显性因素和潜力性因素。其他研究者则从微观角度归纳出品牌竞争力的影响因素，主要包括依附于产品或服务的质量、技术，企业的经营能力、管理能力、人力资源和财力资源，以及将信息传递给消费者的品牌传播与将产品和服务传递给消费者的渠道，如图 1-2 所示。虽然各研究者根据视角不同归纳出不同的影响因素，但是，他们的研究都有一个共同点，就是在影响因素中都提到了品牌

文化力这一因素。尤其是蒋璟萍提出，文化竞争力是品牌竞争力的主导因素。尽管目前国内研究者从不同视角罗列出不同的品牌竞争力的影响因素，但对于不同行业以及不同规模的企业，这些因素对品牌竞争力形成的重要性是不同的。对不同企业来说，这些要素中哪些是主要的影响因素，哪些是次要的影响因素，各研究者并未做出具体分析。

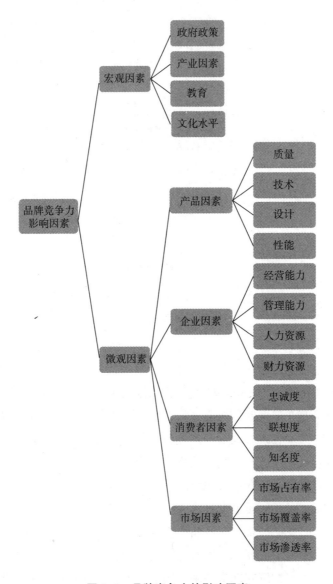

图 1-2 品牌竞争力的影响因素

第四节　科技创新品牌竞争力概述

一、科技创新品牌的内涵

(一) 科技品牌的内涵

1. 科技品牌的定义

关于科技品牌，目前还没有明确的定义。一般来说，科技品牌就是品牌在科技产业中的特化。从内涵上讲，它是科技企业和科技企业的产品或服务的体现；从外延上看，科技品牌不仅是一个标志，它同时是无形的价值，是顾客对科技企业和产品的联想与期望的总和。科技品牌与传统品牌比较，具有高投入、高增值、高速度、高风险、高潜能和高竞争等特点[①]。

2. 科技品牌存在的意义

品牌的出现是伴随着消费者的不安全感而来的。科技品牌对消费者的意义首先在于品牌产品的风险系数小，可以消除"黑箱"产品的不确定缺陷，因而它能够简化消费者购买决定，并且提供了消费者对科技产品自由选择的可能。其次，品牌是优质产品和服务的承诺和保证，品牌不同于具体的产品，它存在于消费者的认知里，是有关产品的综合信息，即卓越性能、企业信誉、高知名度和市场占有率等。科技品牌还表达了对分销渠道的责任和承诺，它体现为全世界统一的产品、质量、包装、服务、价格和宣传。最后，品牌在某种程度上还有利于消费者表达自我。在现代社会，消费者不仅是根据产品的功能做出购买选择，还根据产品的象征意义做出购买选择，在这个过程中，消费者以自己的消费选择表达自己的价值观，并建立企业的社会形象[②]。

---

① 袁建文. 高科技企业的品牌竞争力 [J]. 学术交流，2003 (2).
② 季玉群. 试析高科技企业的品牌策略 [J]. 软科学，2004，18 (2).

（二）创新品牌的内涵

目前，学术界对于创新品牌的含义没有明确统一的界定，单纯研究创新品牌的文献也十分少见。"创新"一词最早是 1912 年熊彼特提出的，他认为创新是一个过程的概念，但并未直接对技术创新给出一个较为狭义的定义。创新包括三个方面：原始创新、集成创新和消化基础上的二次创新，因此不排除对于国外技术的引进、吸收和再创新，也并不是完全的"独立"。本书认为创新品牌必须具有以下几方面的内涵：

（1）创新品牌具有优秀品牌的一切价值要素和资产特性。

（2）创新品牌是拥有明显的标志成果（知识产权、标准、奖项等）的品牌。

（3）创新品牌是能为持续发展带来深刻影响与支撑的品牌。

（4）创新品牌所体现的产品或服务要具有一定创新性和不可替代性，是企业创新能力的体现①。

（三）科技创新品牌概述

1. 科技创新品牌的内涵

在当今日益激烈的竞争中，品牌已经成为企业和地区发展的战略性资源和竞争力的核心要素之一，它的溢价和增值功能也被人们所认同。品牌经济是以品牌为核心，以品牌企业为载体，通过品牌产品的优势拓展市场，直至在国内外市场形成品牌企业和品牌企业群来发展经济的一种手段和模式。培育发展品牌和品牌经济已经成为推动经济发展迈向更高台阶的重要途径，靠品牌发展地区经济，用品牌经济取代粗放经济也已成为提升区域甚至国家综合经济实力的必由之路。

但是我们必须注意到，当今技术进步飞快，只有通过技术进步和技术创新给品牌注入活力，提高品牌产品的科技含量和附加值，品牌才会日新月异。如三星、微软、谷歌等众所周知的名牌企业，它们近三年投入的研发费用均占到总收入的 5% 以上，都将科技创新视为品牌持续发展的有效途径。

---

① 吴燕燕. 自主创新品牌资产价值评价研究 [D]. 合肥工业大学硕士学位论文，2015.

可见，品牌要依靠科技的支撑，持续不断地进行创新。

由此，我们可以给出科技创新品牌的内涵：

（1）科技创新品牌是以科技创新为核心发挥品牌价值，从而使品牌持续发展的品牌。

（2）科技创新品牌是企业科技创新能力或产品创新科技含量的体现。

（3）科技创新品牌具有高投入、高增值、高速度、高风险、高潜能和高竞争等特点。

（4）科技创新品牌相比普通品牌更具有资产性。

（5）科技创新品牌通过科技创新提高品牌活力。

2. 科技创新品牌的研究价值

汪中华等（2001）在借鉴了外国品牌战略的基础上，提出我国的品牌战略必须以科技创新为先导。可见，品牌的创建与生存、品牌经济的可持续发展离不开科技创新，科技创新已经成为发展品牌经济的重要支撑力量。Charles Gemma（2008）在充分调查了市场品牌资产的基础上，发现技术创新型企业能够为自身带来更多的价值利益。在这样一个激烈的市场竞争中，企业为了获取高额收益，必须不断运用新科技完善自己的产品，使自己在竞争中处于有利的位置。一旦科技创新能力转化为科技创新成果，它便构成了企业的核心竞争力，也会吸引更多消费者的关注，并促进新消费。企业科技创新的过程，不一定是革命性创新，但可以是局部的重大创新，现实经验表明，科技创新一旦成功就会使企业产品占据更多的市场份额，获得高额收益，不仅增强了企业对科技应用的信心，也为下一次的科技创新活动提供了资金支持，同时获得了整体的社会声望，巩固企业的社会影响力，企业的品牌价值就会得到优势积累，创造更多的利润。科学越进步、技术越发展，品牌的科技含量就越需要提高。在科学知识的推动下，消费者的科学素养得到提升，对高科技产品的认可及需求就会增强。科技创新已经成为企业战略性的选择，是企业发展的有效途径①。

---

① 许莹. 基于科技创新的品牌经济发展研究 [J]. 企业技术开发，2015，34（35）.

二、科技创新品牌竞争力的特点

（一）科技创新品牌竞争力的内涵

根据前文总结的品牌竞争力的内涵，我们认为科技创新品牌竞争力就是科技创新企业占有和运作关系资源的差异，通过品牌竞争的形式，为企业在市场上取得竞争优势、保持竞争优势和扩大竞争优势，而相对于竞争对手所具有的比较能力。

（二）科技创新品牌竞争力的特殊性

相比于普通品牌竞争力，科技创新品牌竞争力有其特殊性，了解其特殊性所在，对我们后续进行竞争力评价有所帮助。

1. 注重技术创新和成果转化能力

科技型企业主要依靠核心技术和技术创新跨越市场进入门槛，以提升企业核心竞争力。企业只有坚持自主创新，将技术创新、技术改造与其他方面有机结合起来，开发出具有自主知识产权的科研成果并实现产业化，才能成为技术创新的主体。通过提高技术创新能力，企业在经过不断创新后，依靠核心技术所带来的优势将会使企业具备超越竞争者的能力。技术创新能力则是培植企业核心能力基础的关键。技术尤其是独有的、核心的、关键的技术是科技型企业高速成长和可持续发展的强大引擎。技术创新可使企业在其核心技术方面的专长成为核心能力，即自我发展的技术创新模式。技术创新需要具备充分的用户价值，即能为用户提供根本性的好处或效用。技术创新应该具备独特性和一定的延展性，能为企业打开多种产品市场提供技术支持。

科技型企业的成果转化能力是其核心竞争力。科技型企业不同于其他企业的最大特点就是产品的高科技含量、产品的高科技附加值。其持续发展的基础之一就是能够迅速、有效地把科研成果产业化。

科研成果与其产业化产品有很大的区别，科研成果无论是在技术成熟度、工艺路线、成本还是在适用性上都与产品有很大区别。因此，一项有潜在实用价值的科研成果能否转化成产品，从而给企业带来经济效益就十分重要了。成功的科技型企业大多有很强的科研成果转化能力，能够实现科研成果迅速向产品的转化。因而这样的科技型企业有旺盛、持久的生命力。

2. 注重组织构建与制度建设

其他类型的企业是以管理人员为塔尖，操作人员为塔底，人员结构呈塔形。科技型企业具有从事知识和信息工作的白领职员人数较多，蓝领工人数量较少的特点，从而使人员结构呈菱形。这就要求科技型企业组织系统的扁平化和分工合作方式的小组化[①]。通过优化组织结构和改变分工合作及分配方式来提高员工的积极性、主动性和创造性，这对于提高产品创新速度、质量和生产率，提高科技型企业的市场应变能力和竞争能力有重大的促进作用。

企业靠各种制度把不同要素整合在一起，企业制度建设的失误，必然会影响竞争力，因此，其直接决定科技型企业核心竞争力。企业制度建设是核心竞争力首先表现在制度建设的完整性上。因为制度建设是一个综合系统，它不是单方面制度突破，所以应注意企业制度建设的系统性问题。这主要涉及以下问题：一是企业治理结构方面的制度建设。这方面制度的完善能够界定利益主体之间关系，即企业法人治理结构，能够明确企业内部最主要的利益主体是什么。二是企业管理方面的制度建设。企业管理制度主要探讨管理方法、管理手段、管理体制的选择问题。三是企业人格化方面的制度建设。所谓企业人格化制度就是抛开物的因素，企业就是人。要保证企业既有活力又能够可持续发展，就要在制度建设上遵循调动各种要素积极性的原则。人力资本仅仅是指两种人，一种是技术创新者，另一种是职业经理人，这两种人作为一种资本是制度的概念。相关制度建设完备了，这两种人就是人力资本，才能发挥作用。

3. 突出信息化优势

企业信息化不仅是使用信息技术装备的过程，同时还是开发利用信息资源的过程。推广应用信息技术、开发利用信息资源就是科技型企业的核心竞争能力。企业信息化的实质就是增强核心竞争力。信息技术使企业能够及时

① 芮明杰，袁安照. 管理重组［M］. 杭州：浙江人民出版社，2001.

改变和调整经营战略，向市场提供差异产品，提供高质量、多品种的产品和服务，形成不易于被其他竞争对手的产品或服务替代的"独特"的产品或服务优势。企业信息化作为核心竞争力主要有以下的特点：

（1）信息化改变企业竞争方式。信息技术彻底改变了企业的传统竞争方式。首先，它使企业与企业之间、企业与中间商（如批发商）之间的竞争，逐步改变为直接面向消费者的竞争；其次，使企业从以往的以产品或服务设计与管理为中心的竞争，转变为以产品或服务营销为中心的竞争；最后，使企业由以往的产品和服务成本与质量的有形竞争，转变为争取消费者信心的虚拟竞争。

（2）信息化扩大竞争领域。信息技术极大地扩大了竞争领域。一方面，信息技术（尤其是互联网技术）的"时空压缩"效应，使企业信息交流变得直接和简单，网上竞争日趋激烈。电子商务正在推动着企业竞争由有形向无形转化，竞争模式变得日趋隐蔽和变化多端。另一方面，信息技术的"时空放大"效应，将使企业之间的联合和竞争，可通过"二进制"数字信息来实施。这既为企业提供了新的竞争方式，又为企业提供了新的竞争空间。

（3）二元交易成本提高企业竞争力。信息技术使企业交易成本向着两个相反的方向发展，这两个相反的方向都具有提高企业竞争力的效果。一方面，减少企业与消费者之间的环节，缩短路径距离，降低企业交易成本，提高成本优势。另一方面，增加了企业和分销商改变供货方的交易成本，分销商改变供货方可能面临更换信息系统的成本。

（4）信息技术成为企业的屏障，构成进入壁垒。

1）产品与技术创新。由于信息技术企业创新变得更加频繁和积极，信息技术极大地提高了企业获取新技术、新工艺、新产品和新思想的效率。互联网技术使全球知识获得前所未有的流动，创造无限商机的同时，也培育出许多新知识。将信息转化为技术创新的新知识是信息的目标，也是将信息技术和信息资源变成竞争优势的难题。

2）虚拟竞争与企业敏感性。在网络技术环境下，企业可以有效地打破以往政府设置的各种行政的、地理的隔离，与国际市场保持直接密切的联系，甚至可以进行跨国交易活动。直接面对数字信息世界的国际市场，使企业长期保持对国际价格波动的敏感性，为企业获取竞争优势提供了更多的商业机会。

3）人力资源可以提高企业竞争力。信息技术将对人力资源开发和管理产生更加深入和普遍的影响。信息技术不仅使企业员工培训成为成本低廉的教育活动，而且使企业监督与管理职员的成本急剧下降，从而客观上提高了企业整体素质水平，应用信息技术的技能成为企业招聘员工的考核标准之一。

总之，信息化使企业以往不可移动的生产要素如技术管理和信息管理相对变得可移动，从而使企业拥有了在全球配置资本、技术、知识和人力资源的可能和机会，这是信息化给企业带来的根本性变化。

4. 重视研发团队

知识结构合理、年龄结构合理、经验丰富的研发团队是科技型企业进行技术创新、实现其核心竞争力的首要保障。我国研发体制的历史特点决定了研发的主要力量集中在科研单位和大专院校，企业的研发力量相对不足。由于研发具有高风险、高投入的特点，而我国科技型企业规模普遍较小，研发硬件条件实力不强，不能够为研发人员提供必要的仪器设备，因此有经验和能力的研发人员对这样的科技型企业缺乏信心。此外，科技型企业的特点决定其较一般企业存在更大的风险性，包括资金风险、研发风险、市场风险等。因此，对于追求在长期稳定环境下创新的研发人员具有相当的不确定性。所以，很多研发人员认为具有事业编制的科研院所更加稳定、有保障，更有利于完成研发，而缺乏经验而又有激情的毕业生和已经退休的研究人员则倾向于选择科技型企业。因此，在一定程度上和一定范围内，科技型企业的研发团队呈现"老的老、小的小"的现象，这严重制约了科技型企业的创新能力。

5. 要树立品牌管理创新意识

任何企业，没有创新就没有发展，没有发展就可能面临被淘汰的局面。由于我国经济体制尚处于转轨时期，传统的管理思维方式仍在顽强地起着作用。许多科技型企业至今尚未建立科学的管理体系，仅凭经验管理企业，管理方式、方法陈旧，对市场环境的适应性差。另外，管理人员缺乏先进的管理理论和经验，尤其是高层管理人员的知识、能力贫乏，企业不能按照市场规则运作，使企业在市场竞争中处于被动地位。特别需要强调的是，科技型企业的领导者多有科技背景，甚至是科技专家。部分这样的科技型企业不重视专业管理人才，尤其是职业经理人，如此导致了企业有先进的科技而没有先进适用的管理制度，以致企业缺乏创新意识，管理水平落后。

第二章
科技创新品牌竞争力评价：
理论基础和方法论

第一节　科技创新品牌竞争力评价的理论基础

一、科技创新品牌竞争力评价的意义

（一）为政府宏观发展经济服务

科技创新品牌竞争力评价能够反映各区域科技创新企业或园区品牌竞争力的整体状况及发展趋势，因此，各级政府可以利用此评价了解全国科技创新企业或园区品牌竞争力的发展状况和行业结构，从而为调控全国科技创新行业结构和引导行业发展服务。同时，通过区域科技创新品牌竞争力评价，各级政府还可以了解各地区科技创新企业或园区品牌竞争力的发展情况，并通过各地评价结果的对比，了解各地科技创新品牌竞争力的发展水平，为调整科技创新品牌竞争力企业的地区结构提供参考。另外，各地政府也可以通过地区科技创新品牌竞争力评价结果与其他区域的科技创新品牌发展水平对比，掌握本地科技创新品牌发展的情况。对于地方政府，除了对辖区内科技创新品牌建设的情况进行调控外，还可以通过与其他地区的对比，了解本地科技创新品牌竞争力企业在全国科技创新品牌竞争力市场中所占的地位，更

好地做好本地科技创新品牌竞争力的发展决策。

(二) 为科技创新品牌企业或园区的发展提供重要的依据

企业或园区通过对科技创新品牌竞争力系统地构建和分析，可以发现自身在品牌运营方面的优势和劣势，从而有针对性地加强对品牌资产的培育和利用，增强品牌竞争力。

首先，企业或园区可以根据自己的品牌得分情况，详细地了解自身的品牌在有形资产、无形资产、质量、服务、创新这几方面薄弱的环节在哪里，优势的环节又在何处，在改善的过程中，容易找到切入点。从得分较低的方面下大力气，能够更具实效地提升企业或园区品牌的竞争力；另外，优势的地方要继续保持，并持续改进。

其次，目前企业为了进行产品营销，一般通过媒体广告、楼书、销售人员介绍等向消费者介绍产品。由于时机、频率等方面的影响很难全面地让消费者了解企业产品，而在市场与消费者都日渐成熟的情况下，仅凭一个"概念"或空洞"许诺"已经很难让消费者信服，科技创新品牌竞争力指数正好弥补了这一方面的不足，可以成为企业营销的一种非常重要的手段。另外，科技创新品牌竞争力评价在计算、统计过程中，还可以通过对市场、消费者不间断的调查，为企业产品营销的整个运作过程提供最及时、最需要的决策参考。

同时，得分较高的企业或园区则成为其他企业或园区的标杆，榜样的作用由此树立。企业或园区可以在品牌竞争力排行榜的榜单中寻求自己的模仿对象或者学习榜样，可以取经求道，也可以交流经验。有了现实的案例，在提升自身品牌竞争力的过程中也有章可循。

另外，品牌竞争力评价结果也可以为企业或园区在实施自己的品牌延伸策略、品牌投资策略、品牌连锁经营策略时，提供有效的数据参考，了解行业内其他企业或园区品牌竞争力状况。

(三) 为消费者消费提供指导

品牌是消费者选择商品和服务的方向标。随着人们生活水平的不断提高，我国的消费者对于品牌、品质、质量的要求也越来越高，这些高品质的消费需求有些时候却无法在国内得到满足。

　　消费者的个性需要通过具体的品牌向外进行传达。美誉度高的品牌省去了消费者选择的烦恼，给消费者的生活带来方便。消费者需要从权威的机构来获得品牌评价的信息。品牌竞争力的高低，可以作为消费者在消费时进行评价的依据，从而获得更好的品牌优质的产品与服务。另外，品牌竞争力评价系统中详尽完备的数据库和定期分析报告，对市场各个主体同样具有重要的参考价值。

（四）　为科学研究和中介机构提供基础数据

　　科技创新品牌竞争力评价可以为中介机构提供参考，提高咨询机构对市场发展变化的科学预见和判断能力，有利于市场投资服务业的健康发展。

　　此外，评级系统还能为投资者决策提供区位、时点选择的帮助，为其他经济研究机构、科研人员提供有效的信息及分析工具。正如前面所指出的，科技创新品牌竞争力评价系统的服务对象是整个市场，系统将以不同层次的指数产品满足市场各个层次的需要。

（五）　方便投资商把握投资时机

　　科技创新品牌竞争力评价可以使投资商了解中国科技创新品牌竞争力的整体状况，提高其投资时机、投资结构的决策准确程度；区域科技创新品牌竞争力评价可以使投资商了解到各区域科技创新品牌竞争力的不同状况，在投资选择上为之提供帮助，减少投资风险；通过科技创新品牌评价的动态比较，可以更好地判断品牌竞争力发展所处的周期性阶段，以把握市场形势，决定或调整投资时机。

二、科技创新品牌竞争力评价的研究综述

　　如何对品牌竞争力进行评价是品牌竞争力研究的一个重要方面。国内各研究者根据视点不同构建了不同的指标体系，其评价体系大多针对企业展开。本书对国内外既有关于品牌竞争力评价研究做了以下综述：

（一）国外品牌竞争力评价研究

1. 基于短期财务和长期发展的品牌竞争力评价指标体系

David Aaker 研究了品牌价值的五种构成要素：品牌忠诚度、品牌知名度、消费者感知质量、品牌联想和其他品牌资产。他提出，基于短期财务和长期发展的品牌竞争力评价指标体系中的一级指标包括忠诚度、认知品质与领导力、联想/差异性品牌个性、知名度与市场行为。

2. 基于顾客潜力的品牌竞争力评价指标体系

Motamenti 和 Shahrokhi 于 1998 年提出全球资产价值（Global Brand Equity，GBE）模型，全球资产价值（GBE）＝品牌净收益×品牌强度。该模型认为，品牌竞争力由顾客潜力、竞争潜力和全球潜力三大指标组成[①]。

3. 基于市场的品牌竞争力评价指标体系

通过调查，Landor 机构认为以下指标值得关注，首先是品牌定位，明确界定并努力使之定位在奢侈品市场或大众市场对于培育企业的品牌竞争力具有重要作用。其评价指标由市场定位、产品类别、寿命、质量、个性和意象、媒体支持等市场指标组成。

4. 基于消费者的品牌竞争力评价指标体系

Keller（2003）认为，品牌的顾客价值优势导致的品牌忠诚是品牌价值最直接的表现，是品牌竞争力的基础，是为企业带来超额收益和为企业创造财务价值的前提条件。品牌的顾客价值优势、顾客的品牌忠诚与品牌竞争力应该形成一个相互支持的闭合回路。他强调品牌知识对消费者的影响，并提出评价指标由品牌意识与品牌形象组成。

5. 基于品牌价值的品牌竞争力评价指标体系

英国的 Interbrand 公司是世界上最早研究评价品牌价值的机构。为了将品牌价值这种无形资产有形化、价格化，该公司设计出了衡量品牌价值的公式，即 $E=I×G$。其中，E 为品牌价值，I 为品牌给企业带来的年平均利润，G 为品牌强度因子，可视为品牌竞争力的体现。品牌竞争力的评价指标由七个一级指标构成：领导力、稳定性、市场、国际性、趋势、支持、保护。品

---

① Reza Motamenti, Manuchehr Shahrokhi. Brand Equity Valuation: A Global Perspective［M］. MCB UP Ltd., 1988.

牌的市场领导力和国际性是两个最为重要的因素，越有市场领导力和国际性的品牌，品牌竞争力就越强，从而应用于它的强度倍数就越大。

（二）国内品牌竞争力评价研究

本章对国内研究者关于品牌竞争力评价指标的研究进行了梳理（见表2-1）。

表 2-1　品牌竞争力的评价指标体系研究

年份	研究者	指标体系内容
1996	张世贤	基本指标：市场占有率、超值利润率 附加指标：品牌知名度、已使用年限、在同类市场上的领导能力、越过地理文化边界的渗透能力等
1997	刘尔奎	市场占有率、超额利润、品牌的保护和寿命情况、品牌的趋势和市场特性、国际化
2000	张万庆	内在指标：品牌的价值（品牌的内在价值和外在价值） 外在指标：品牌的市场占有能力、品牌的超值创利能力、品牌的发展潜力
2000	刘传铁	市场占有率、超值创利能力、开拓市场潜力
2001	张水安	品牌的市场占有能力：品牌的市场占有数量和相关品牌的市场占有数量 品牌的超额利润获取能力：品牌获取利润的数量和打造品牌所花成本 品牌的发展潜力：综合度、保密度、技术领先度、创新速度 动态指标：市场份额的上升
2004	马鸿飞	品牌忠诚、领导品牌、品牌联想、品牌面临的市场、品牌国际化能力、品牌发展趋势、品牌受保护情况
2005	胡大立等	市场指标：市场占有率、超值利润率、扩张潜力 顾客指标：知名度、美誉度、忠诚度
2005	白玉等	品牌市场能力：市场占有能力、超值创利能力、持久发展能力 品牌管理能力：品牌定位能力、品牌传播能力、品牌运作能力 品牌关系能力：客户关系、供应商关系、合作方关系 品牌基础能力：企业管理能力、技术创新能力、人力资本和企业家、企业文化

续表

年份	研究者	指标体系内容
2005	余可发	顾客价值优势、市场占有率、超额利润率、知名度
2005	李德立	系统开放度、消费驱动强度和行业品牌资产价值总值
2005	沈占波等	外显性指标：品牌市场力指标、品牌形象力指标、品牌财务力指标 潜力性指标：品牌质量支撑力、品牌创新力、品牌资源筹供力、品牌市场营销力
2005	世界品牌实验室	品牌认知度、品牌创新力、品牌占有率、品牌满意度、品牌忠诚度等，这些指标来源于消费者对品牌的直接评价和认可，其中，核心指标是品牌忠诚度
2006	刘希宋等	自主品牌创新能力主要由以下要素构成：技术创新能力、创新管理能力、制造能力、行销能力、协调创新能力、创新产出能力
2005	许基南	品牌市场能力：市场占有能力、超值创利能力 品牌管理能力：品牌定位能力、品牌传播能力、品牌运作能力、持久发展能力 品牌基础能力：企业管理能力、技术创新能力、人力资本和企业家、企业文化
2005	沈占波、杜晓静	外显性指标：品牌市场力、品牌形象力、品牌财务力 潜力性指标：品牌质量支撑力、品牌创新力、品牌资源筹供力、品牌市场营销力
2008	余明阳、罗文军	核心能力：市场能力、资本能力、管理能力、技术能力、企业资源 互动过程：技术创新、管理创新、战略创新、制度创新、组织创新、市场创新 顾客：市场份额、超额利润、品牌形象
2008	余可发	品牌盈利力：溢价能力、经营能力、发展潜力 品牌市场：市场占有率、市场覆盖率、市场渗透率 品牌权益力：知名度、美誉度、联想度、忠诚度 品牌国际力：出口方式、出口地区、商品结构、出口增长

续表

年份	研究者	指标体系内容
2008	韩福荣、赵红、赵宇彤	品牌知晓度：工作年限、形象层次、发展趋势、认知状态 品牌知名度：知名状态、来源方式、传播方式、传播评价、识别系统、宣传类别 品牌美誉度：信誉状态、竞争信誉、行业信誉、顾客选择、品质承诺、信誉渠道 品牌忠诚度：顾客群体、差异价值、承诺兑现、沟通方式、来源状况、分布区域 品牌联想度：联想状态、内涵状态、群体状态、内涵挖掘
2010	何阿毡	品牌市场能力：品牌市场占有能力、品牌创利能力 品牌管理能力：品牌定位、品牌传播、品牌运作 品牌关系能力：品牌与客户关系、品牌与供应商关系、品牌与相关协作方关系 品牌基础能力：领导组织能力、品牌战略、研发资金投入、人力资本、技术创新能力、企业文化 品牌可持续发展能力：品牌知名度、美誉度、忠诚度、用户满意度
2011	蒋亚奇、张亚萍	品牌市场能力：市场占有能力、超值创利能力 品牌管理能力：品牌定位能力、品牌传播能力、品牌运作能力、品牌质量 品牌权益能力：品牌认知、品牌表现 品牌基础能力：企业管理能力、人力资源、企业文化、企业创新能力
2012	李海鹏	品牌资本力：规模要素、增长因素、效率因素 品牌市场力：市场占有力、超值获利能力、市场稳定性 品牌发展力：品牌技术创新力、企业综合能力、行业发展潜力 品牌塑造力：品牌策划能力、品牌运作能力、品牌关系能力 品牌支持力：品牌忠诚度、品牌满意度、品牌联想度
2014	孟鹏等	品牌培育能力：资源水平、管理水平、技术水平 品牌培育绩效：运营表现、市场反应、社会影响
2015	沈忱等	外显竞争力：品牌基础力、品牌市场力、品牌辐射力、品牌延伸力 内隐竞争力：品牌创新力、品牌协同力、政府支持力、品牌公关力

年份	研究者	指标体系内容
2016	马轶男	品牌显著度：要素识别、品类层次、认知状态、知名状态 品牌功效：市场调研、技术研发、产品质量、产品风格、性价比 品牌形象：形象定位、宣传方式、品牌个性、公益活动 品牌感受：创新能力、属性匹配、流行趋势、顾客关系管理 品牌忠诚度：顾客群体、承诺兑现、沟通方式、来源状况 品牌共鸣度：差异价值、信誉状态、认同程度、发展目标

目前国内的品牌竞争力评价指标主要集中在以下三点：

（1）品牌竞争力评价指标包括企业的各项资源以及对品牌的管理能力。如企业管理能力、技术创新能力、人力资本和企业家、企业文化、资本能力、品牌财务力等。

（2）品牌竞争力评价指标包括品牌在市场竞争中所表现出的竞争力，包括市场占有率、市场覆盖率、市场渗透率等。

（3）品牌竞争力评价指标包括消费者对品牌的认知和评价，如知名度、美誉度、联想度、忠诚度、信誉状态、竞争信誉、行业信誉、顾客选择、品质承诺、信誉渠道等。

总而言之，国内外研究者对品牌竞争力的评价指标体系评价视角大多从企业、市场、消费者出发，关于品牌竞争力的基础性评价指标涉及较少。

第二节　科技创新品牌竞争力评价的方法论研究

一、科技创新品牌竞争力评价基础

品牌竞争力评价自 1993 年起一直是学术界研究的热点，其实用性较强，对各个国家和地区产生了相当大的社会影响。金碚（2003）在进行品牌竞争力评价体系设计时，从品牌竞争力来源的结果和过程视角出发，将评价指标分为观测性指标和解释性指标两大类，观测性指标特别是其中的显示性观测指标体现的是竞争结果或者竞争力的最终表现，而解释性指标则体现出竞争力的成因和过程要素。2005年，学者张启胜在研究如何增强品牌竞争力时也采取了类似的设置，他提出的指标体系含评价指标体系、解释性指标体系和基础工作指标体系三类。2008年，许基南也将其品牌竞争力综合评价体系分为三大模块：基本要素、评价要素和评价指标。本章将参考这些学者的思路，结合卓越绩效模式的理念，一方面分析品牌竞争力的内涵和影响因素来确定分析指标，另一方面总结品牌竞争力的外在表现作为观测指标。

结合科技创新产业的特点，我们提出"品牌基础资源"、"企业运营管理"、"产业发展环境"和"品牌经营绩效"作为科技创新品牌竞争力的评价基础。其中，品牌基础资源、企业运营管理、产业发展环境是分析性指标，表征企业或园区品牌竞争力的来源或产生过程；品牌经营绩效是观测指标，体现企业或品牌竞争力的外在表现。

（一）品牌基础资产

资源观认为，组织是有形资产和无形资产的集合体，其市场实力和地位由资产基础决定（Wemerfelt，1984）。品牌竞争力的主要来源是资产的独特性和差异化（张世贤，2011），战略研究者如Ansoff、Andrews认为企业的最佳做法、惯例和内部独特竞争性资产对企业的成功至关重要。所以，资产也就成了品牌竞争力的主要构成要素。基于卓越绩效模式理念，本书将主要关注过程和结果。过程的保障是企业的资产供给，所以本书首先关注基础资产，即有形资产，如人、财、基础设施、技术和信息等显性可测量的要素，具体指标将在后文展开。无形资源更多的是动态的能力，如品牌运作、管理、关系、隐性知识等方面，较难定量评价，因此本书中将其融入企业运营管理和产业发展环境的范畴中。

（二）企业运营管理

企业运营管理是一种重要的资源和生产力（许基南，2005）。对品牌竞争力而言，良好的管理可以起到以下作用：制定好战略，提高企业资源配置效率，优化组织结构和流程。具体而言，可以起到提高生产率、降低产品成本，提高产品质量，促进技术更新升级、产品更替迭代，扩大产品差异化程度等作用。

Buckley（1988）曾提出过企业竞争力的三维模型：过程、潜能、绩效。分析了它们之间如何相互作用，强调了管理过程的核心地位。许基南（2005）也曾指出品牌竞争力的市场来源是由企业内部的管理能力形成的，是一种隐性的能力。Penrose 认为企业成长取决于规则（操作规则和决策规则）积累的"管理能力，尤其是非常规性规则不断转化为常规性规则的管理能力"。Penrose 强调要特别重视企业固有的能够逐渐拓展其生产机会的知识积累倾向，企业在技术诀窍及管理能力方面的特定能力是产生持续竞争优势的重要源泉，从长期来看限制企业成长的仅仅是内部管理资源。

要保持科技创新企业的持续竞争优势有赖于内部资源的高度有效整合，品牌竞争力的影响因素贯穿于企业运营的各个环节：生产制造、技术革新、采购供应、市场推广、品牌传播等。

（三）产业发展环境

相比于资产和能力能够较为直接地表述，产业发展环境更像是一种无形的资产或是能力。相对于质量竞争力注重组织环境，品牌竞争力更侧重整个产业的环境。品牌竞争力是一种相对优势，最终要通过产业来体现，产业结构决定管理品牌竞争力的大小，产业发展规律决定了品牌竞争力的未来趋势，相关产业的支持也会对品牌竞争力产生重要的影响。政府曾经被传统经济学认定不该干预经济运行，都认为应遵从市场经济规律，但是经历过 20世纪 30 年代的经济危机之后，凯恩斯重新提出"政府干预模式"，这也成为了"罗斯福新政"的理论基础。考虑到中国基本国情，在探索品牌竞争力评价系统这个课题上，本书认同"政府干预模式"。从微观经济来讲，政府干预对于品牌竞争力培育是至关重要的。美国政府在经济干预之后，推进了国内技术的革命，把握了世界技术及产业发展的轨道，不但站在了信息时代的前沿，而且提升了美国企业的国际竞争力（特别是科技创新企业），重新夺回了被日本夺去的优势。同样，企业的战略联盟也是至关重要的。战略联盟可以突破企业自身资源及能力的限制，充分利用外部资源和能力，实现开拓市场、研发新产品等战略目标。这种资源优势的互补以及共享价值链所产生的协同效应，能有效地提升企业品牌竞争力（许基南，2005）。

（四）品牌经营绩效

品牌经营绩效是一种可以直接观察的行为或表现，根据品牌竞争力的表现形式可划分为品牌市场力、品牌财务力和品牌支持力。

品牌市场力表征的是品牌在自由市场上的竞争力及开拓力，实则也是消费者对于企业品牌的总体反应。从消费者的角度来看，通过消费者对品牌的满意度和忠诚度带来大量的购买行为导致企业产品具有很高的销量和营业额；从产品角度来看，一方面品牌具有比同行业其他产品更高的价格优势，另一方面品牌在新的市场具有很强的市场拓展能力；从时间维度来看，品牌具有持久发展进步的潜力以及市场稳定性；从营销影响力来看，品牌具有跨区域甚至是国际影响力。

品牌财务力体现的是消费者忠诚带来的较高的市场占有率和销量，进而表现在财务方面的竞争力。中国社会科学院编制的中国自主企业品牌竞争力指数模型，内含大量定性和定量的财务指标。关于财务评价，该体系主要从品牌带来的财务规模要素、财务增长要素以及财务效率要素进行总结。

品牌支持力代表消费者对品牌的支持程度，表现为消费者对品牌从认知到忠诚的一系列心理活动和购买行为。Allen Adamson 所说的品牌是留存在消费者脑海中的东西，消费者即通过对品牌的支持实现与品牌的精神联结。

品牌基础资源、企业运营管理、产业发展环境、品牌经营绩效即为科技创新品牌评价的基础，对这些指标的有效性和可行性进行大量的研究，证明了它们对于品牌竞争力具有正向促进作用。2013 年，董润云对企业社会责任和品牌竞争力之间的关系进行了验证，得出顾客忠诚是企业社会责任作用于品牌竞争力的一个中介变量。企业慈善责任和社会公益活动都对品牌认知有着显著的正向影响。2014 年，李卫红研究了制造业企业品牌竞争力的影响因素，构造了一个六级递阶结构模型，解释了企业的资源、能力、机制、环境等如何影响品牌竞争力。

本章所述的科技创新品牌竞争力评价基础的内在逻辑在于，投入足够的品牌基础资源，通过良好的企业运营管理，实现优异的品牌经营绩效结果，进而更好地促进产业发展环境。

二、科技创新品牌竞争力评价方法

在竞争力的理论发展过程中，竞争力评价方法是重要的组成部分。大量中外学者致力于研究如何评价竞争力，总结出十种比较有代表性的研究方法（见表2-2）。

表 2-2　常用品牌竞争力的评价方法

分析方法	评价方法说明	方法优缺点
因素分析法	对企业竞争力的评价可以采取"由表及里"的因素分析方式，即从最表面、最容易感知的属性入手，逐步深入到更为内在的属性和因素	因素分析法可以尽可能地将决定和影响企业竞争力的各种内在因素分解和揭示出来
对比差距法	对企业竞争力的评价可以采取企业与企业直接比较的方式：假定同类企业中最优秀的一家或几家企业的一系列显性特征对竞争力具有明显的影响，就可以通过本企业和最优秀企业的一系列显示性指标的比较来评估本企业在竞争力上存在的差距	可以进行多指标的直接对比，而不必进行数值的加总比较，因此可以避免确定各因素的权重过程中的主观因素
内涵解析法	内涵解析法的特点是将定性分析和定量分析相结合，重点研究影响企业竞争力的内在决定性因素，对于一些难以直接量化的因素可以采取专家意见或者问卷调查的方式进行分析判断	优点是可以深入到对企业核心能力的分析，具有深刻性。缺点是难以全面计量化，可能含有较大程度的主观性
模糊综合评价法	企业核心竞争力的评价具有模糊性，评价核心竞争力的等级具有较大的主观性，一些因素因具有模糊性而不能简单地用一个分数来评价	由于企业竞争力受多种因素的影响，宜采用多层次的模糊评价法来评价企业的竞争力
灰色多层次评价法	灰色多层次评价方法主要有灰色聚类、灰色统计和灰色关联分析	运用灰色系统理论评价具有灰色特征的系统是非常适宜的

续表

分析方法	评价方法说明	方法优缺点
综合指数评价法	综合指数评价法是一种综合指标体系评价法。由于本指标体系为多层次的，所以既要求一级系统的权数之和为 1，又要求各子系统内部各项目之和为 1。综合平均指数与 1 的离差越大，说明不同企业的差异越明显	可以让企业通过该评价方法，确定本企业在同行业中的地位，制定自己的发展战略
多因素分析法	企业是否具有核心竞争力以及不同时期核心竞争力的大小不仅可以从定性的角度进行分析，而且可以设计一系列指标予以评价	通过分析这些要素在不同时期的变化，就能发现企业核心竞争力的走向及其趋势，并从中掌握其波动的规律，便于企业在未来实施有效的控制，以保持企业核心竞争力的持续稳定增长
多元数理统计方法	主要是应用其中的主成分分析、因子分析、聚类分析等方法对评价对象进行分类和评价	这种方法给出的评价结果对方案决策或者排序比较有效，应用时要求评价对象的各因素指标要有具体数据值
DEA 方法	以相对效率为基础，按多指标投入和多指标产出，对同类型单位相对有效性进行评价，是基于一组标准来确定相对有效生产前沿面	该评价方法可以评价多输入多输出的大系统，并可用"窗口"技术找出单元薄弱环节加以改进。但该模型只表明评价单元的相对发展指标，无法表示出实际发展水平
人工神经网络评价法	模拟人脑智能化处理过程的人工神经网络技术。网络通过 BP 算法，学习或训练获取知识，并存储在神经元的权值中，再通过联想把相关信息重现出来。它能够"揣摩"、"提炼"评价对象本身的客观规律，进行对相同属性的评价对象的评价	优点在于网络具有自适应能力、可容错性；能够处理非线性、非局域性与非凸性的大型复杂系统。不足点在于精度不高，同时需要大量的训练样本等

（一）因素分析法

对企业竞争力的评价可以采取"由表及里"的因素分析方式，即从最表面、最容易感知的属性入手，逐步深入到更为内在的属性和因素。最表面、最容易感知的属性和因素可以作为企业竞争力的显示性指标，这类指标可以选择能够直接反映企业市场地位的数值。因素分析法的基本要求是尽可能地将决定和影响企业竞争力的各种内在因素分解和揭示出来。

（二）对比差距法

对企业竞争力的评价可以采取企业与企业直接比较的方式。假定同类企业中最优秀的一家或几家企业的一系列显性特征对竞争力具有明显的影响，就可以通过本企业和最优秀企业的一系列显示性指标的比较来评估本企业在竞争力上存在的差距。这种方法同前一种方法的共同之处是都要进行详细的因素分析和统计数值的计算，不同之处是后一种方法是一对一的比较，可以进行多指标的直接对比，而不必进行数值的加总比较，因此可以避免确定各因素的权重过程中的主观因素。

（三）内涵解析法

内涵解析法的特点是将定性分析和定量分析相结合，重点研究影响企业竞争力的内在决定性因素，对于一些难以直接量化的因素可以采取专家意见或者问卷调查的方式进行分析判断。这种研究方法的优点是可以深入到对企业核心能力的分析，具有深刻性。缺点是难以全面计量化，可能含有较大程度的主观性。

（四）模糊综合评价法

模糊集合理论的概念由美国自动控制专家查德（L. A. Zadeh）教授于1965 年提出，用以表达事物的不确定性。模糊综合评价法是美国控制论专家艾登（Eden）于 1965 年创立的。其理论依据是：企业核心竞争力的评价具有模糊性，评价核心竞争力的等级具有较大的主观性，一些因素因具有模糊性而不能简单地用一个分数来评价。鉴于这些因素，最好采用模糊数学的综合评价方法来对企业竞争力做一定量的评价。模糊评价法有单因素的模糊评价和多层次的模糊评价两种方法。由于企业竞争力受多种因素的影响，宜采用多层次的模糊评价法来评价企业的竞争力。

（五）灰色多层次评价法

人们常用颜色深浅表示信息完备的程度，将系统分为三类：①信息完全明确的系统称为白色系统；②信息完全不明确的系统称为黑色系统；③信息部分明确部分不明确的系统称为灰色系统。经济系统、管理系统、生态系统等都是灰色系统。

灰色多层次评价方法主要有灰色聚类、灰色统计和灰色关联分析。企业竞争力的灰色评价的依据在于：企业竞争力评价系统是一个灰色系统，首先，因为影响企业竞争力的因素太多而且复杂，人们在评价时，只能选取有限的主要指标来进行分析。其次，所选取的评价指标的数据，有些是已知的，可以从现有的统计资料中获得；有些指标的数据却是未知的，无法从统计资料中获得。因此，该系统具有信息不完全或者"灰色"的特征。鉴于该系统的灰色特征，运用灰色多层次评价方法评价此类系统是非常适宜的。

（六）综合指数评价法

综合指数评价法是一种综合指标体系评价法。其评价的方法分为三步：第一步，确定评价项目的权数。由于本指标体系为多层次的，所以既要求一级系统的权数之和为1，又要求各子系统内部各项目之和为1，确定权数的方法目前多采用专家咨询主观定权的方法。第二步，计算各子系统的综合平均指标。对于正指标直接用其报告期与基准期对比；对于逆指标，先求其倒数值，然后用上述相同的方法进行对比，算出"个体指标"，最后用事先确定好的项目权数对它们进行加权平均，得出子系统综合评价的平均指数。第三步，对各子系统的平均指数进行加权平均，求出综合平均指数。在此基础上，可以建立反映企业竞争力的数学模型。综合平均指数与1的离差越大，说明不同企业的差异越明显，故各企业能依据综合平均指数的大小，进行企业间的比较，确定本企业在同行业中的地位，制定自己的发展战略。

（七）多因素分析法

多因素分析法认为，企业是否具有核心竞争力以及不同时期核心竞争力的大小不仅可以从定性的角度进行分析，而且可以设计一系列指标予以评价。其影响因素包括市场因素、管理因素、技术因素、人才因素、信息因素、企业文化、外部环境因素等。通过分析这些要素在不同时期的变化，就能发现企业核心竞争力的走向及其趋势，并从中掌握其波动的规律，便于企业在未来实施有效的控制，以保持企业核心竞争力的持续稳定增长。

（八）多元数理统计方法

多元数理统计方法主要是应用其中的主成分分析、因子分析（Faetor Analysis）、聚类分析等方法对评价对象进行分类和评价。该方法是一种不依赖于专家主观判断的客观方法，不仅可以排除评价过程中人为因素的干扰和影响，而且还比较适宜对指标间相关程度较大对象的综合评价。这种方法给出的评价结果对方案决策或者排序比较有效，应用时要求评价对象的各因素指标要有具体数据值。

（九）DEA 方法

以相对效率为基础，按多指标投入和多指标产出，对同类型单位的相对有效性进行评价，是基于一组标准来确定相对有效生产前沿面。该评价方法可以评价多输入多输出的大系统，并可用"窗口"技术找出单元薄弱环节加以改进。但该模型只表明评价单元的相对发展指标，无法表示出实际发展水平。

（十）人工神经网络评价法

该方法是模拟人脑智能化处理过程的人工神经网络技术。网络通过 BP 算法，学习或训练获取知识，并存储在神经元的权值中，再通过联想把相关信息重现出来。它能够"揣摩"、"提炼"评价对象本身的客观规律，进行对相同属性的评价对象的评价。其优点在于网络具有自适应能力、可容错性，能够处理非线性、非局域性与非凸性的大型复杂系统。不足之处在于精度不高，同时需要大量的训练样本等。这类方法应用领域不断扩大，可用于企业竞争力评价、复杂系统评价等。

第三章
科技创新品牌竞争力评价系统概述

第一节　科技创新品牌竞争力评价系统

一、科技创新品牌竞争力评价系统的研究背景

中国经济在经历了几十年令人瞩目的发展之后，在 2010 年第二季度终于超过日本成为世界第二大经济体，这是中国经济发展的一个里程碑。中国虽然是世界上最大的制造业国家，但却是一个实实在在的品牌弱国，国外权威评估机构评出的世界 100 强品牌中国榜上无名。中国 2010 年 GDP 占全球 GDP 的 9.5%[①]，而消耗全球主要资源和能源的 20%~40%，中国的土地、环境、资源、能源、劳动力等已无法承受低层次的制造，自主创新、增加附加值、打造自主品牌已迫在眉睫。

从中国制造向中国创造的发展过程中，品牌是标志性符号；由经济大国向经济强国的发展过程中，品牌是标志性符号。

中国已经进入了品牌竞争时代，主要表现在三个方面：第一，由于消费者的品牌意识不断增强，品牌已经成为消费者购买产品的首要考虑因素。第二，由于国内市场和国际市场的接轨，中国品牌不仅参与国内市场的竞争，

---

① 根据中华人民共和国国家统计局公布的数据计算得出。

而且要"走出去"和外国品牌在国际市场上竞争。第三，随着市场的逐渐开放，外国品牌纷纷进驻中国市场，方式多样，种类繁多，他们凭借自己成熟的技术、雄厚的资本以及先进的管理对国内品牌展开了强大的竞争攻势。

随着我国经济的快速发展、市场的开发程度不断加深、消费市场从"商品消费"进入"品牌消费"的客观环境变化，企业之间的竞争越来越体现为企业品牌之间的竞争，品牌建设已经成为企业和行业的头等大事。如今中国企业在加强竞争力、进行战略性品牌管理方面还没有一个标准化的、持续性的基础性参考指标。提升中国企业品牌竞争力，建立科学、客观、系统的品牌管理体系已迫在眉睫。

中国品牌竞争力指数最早由中国社会科学院、中国市场学会品牌管理专业委员会发起。根据《国家知识产权战略纲要》（2008）的精神①，中国品牌资产的管理立足于对品牌的创造、运用、保护，通过对企业品牌运营的评价，揭示企业品牌成长的规律，引导企业有效实施品牌战略。为实现这一目标，中国市场学会品牌管理专业委员会将通过对品牌竞争力指数的构建和分析，揭示企业在品牌运营方面的优势和劣势，引导企业加强对品牌资产的培育和利用，增强企业的品牌竞争力。

具体到本章的主题——科技创新品牌竞争力评价，国内外目前还没有成熟的研究。

二、科技创新品牌竞争力评价系统的功能定位

本章通过对科技创新品牌竞争力评价系统的构建和分析，揭示科技创新企业或园区在品牌运营方面的优势和劣势，引导科技创新企业加强对品牌资产的培育和利用，增强品牌竞争力，并在企业品牌竞争力的基础上对科技创新园区品牌竞争力进行评价。具体来说，科技创新品牌竞争力评价系统的功能定位包括以下三点：

（一）客观反映科技创新品牌竞争力的发展水平

通过对科技创新品牌竞争力评价系统的构建和分析，客观真实地反映全

①　国务院：《国家知识产权战略纲要》（国发〔2008〕18号）。

国或某地区科技创新企业或园区的品牌竞争力水平。

如今中国虽然有了海尔、联想、华为等一大批具有实力的品牌，但是与发达国家的诸多国际著名品牌相比，差距非常明显。并且，中国企业整体的品牌建设缓慢，很多企业没有树立起品牌建设的理念与意识，也不了解如何才能培育优良的品牌。科技创新品牌竞争力评价系统的出现，客观、真实地反映了目前我国科技创新品牌的现状，同时指出需要改进的品牌与先进的品牌之间的差距及需要提升的方面。

（二）建立科学的品牌竞争力指标评价体系

本章在品牌竞争力评价指标体系的构建中，充分吸取学者们的研究经验，从不同的侧面和不同的角度反映品牌的内涵，把握品牌形成和成长的内在规律，全面综合地设计评价指标体系。同时立足于我国国情，在充分考虑中国国情的基础上，有所区别地借鉴国内外已有的研究成果，分析所依据数据的可靠性和相关性，从而科学、公允地反映品牌创造、运用、保护和管理现状。

（三）为社会各界提供智力支持和信息资源

科技创新品牌竞争力评价系统的构建，旨在为政府、企业及其他各界服务，力求使得中国的企业在自身的品牌建设方面获得具体的诊断测评方法和品牌表现形态的实践测量，并为企业的品牌管理提供有效的借鉴。企业可以有的放矢地培育、完善、巩固自己的品牌建设，不断增强品牌的竞争力；政府可以对行业进行有针对性的指导和扶持，以提高行业整体的品牌竞争力；综合区域和特色区域可以对自己的区域品牌进行客观评价，并进行有针对性的建设和提高。除此之外，科技创新品牌竞争力评价系统的构建也为其他的市场主体服务，包括科研机构、中介机构、投资者、消费者，无论是从宏观上还是微观上，提供最真实、最迅速、最科学、最深入的科技创新品牌竞争力情况分析。

第二节　科技创新品牌竞争力评价系统的构建

一、科技创新品牌竞争力评价系统的构建原则

品牌竞争能力是由相互联系、相互作用的若干要素构成的有机整体，可称作一个系统。对一个复杂系统的研究，可以通过研究系统各组成要素、要素间的联系及各要素对系统的影响，以达到对系统整体的全面把握。对品牌竞争力进行评价时，应该注意以下几个原则：

（一）科学性原则

首先，科技创新品牌竞争力的评价系统是理论与实际相结合的产物，它必须是对客观实际抽象的描述。科技创新品牌竞争力涉及的因素很多，如何对其进行高度抽象、概括，如何在抽象、概括中抓住最重要、最本质、最有代表性的东西，是设计指标体系的关键和难点。对客观实际抽象描述得越清楚、越简练、越符合实际，其科学性就越强。其次，评估的内容要有科学性，每个指标的概念要科学、确切，要有精确的内涵和外延。最后，评价的方法也要有科学性，要有科学依据，理论性要强。

（二）系统性原则

评估的每一个对象，都可以称之为一个自成体系的系统。所以新方法应根据系统的思想，利用该方法体系与外部的关系，以及体系内各指标间的相互关系来构建，形成一个开放的、互动的方法体系。品牌竞争力的大小、强弱，可用品牌市场能力、品牌管理能力、品牌可持续发展能力等若干指标来衡量，这些指标也是互相联系和互相制约的。

（三）有效性原则

有效性指品牌竞争力测评指标要明确清楚、简单直观。指标数量得当，

指标间不出现交叉重复，但尽量能够反映评估对象的一般性或共性特征，以此来提高实际评估的可行性与可比性。

（四） 实用性原则

设计品牌价值视角下的品牌竞争力测评指标的目的在于衡量企业品牌竞争力的强弱情况，应该能够体现测评指标的实用意义，即测评指标应成为企业自我诊断、自我完善的有力工具，为最终建立有竞争力的品牌而不断改善企业品牌建设的薄弱点。

二、科技创新品牌竞争力评价系统的基本模型

通过研究国内外关于品牌竞争力评价模型的理论综述，本章总结出常用的品牌竞争力模型，包括三度模型、层次力分析模型、评价指标分析模型和顾客价值分析模型等，具体如表3-1所示。

表3-1　品牌竞争力评价系统的基本模型

模型名称	研究者	内容	评价
传统三度模型	胡大立等	品牌竞争力由知名度、美誉度和忠诚度构成	此类模型由于对品牌竞争力的影响因素考虑得过于简单，目前已经很少使用
层次力分析模型	李光斗等	品牌竞争力由八个层次力构成，从核心力向领导力依次延伸递进①	此类模型对品牌竞争力做了划分，考虑到了企业内外部环境对品牌竞争力的影响。认为竞争外力是企业无法进行控制的观点，有待商榷
	汪波等	按企业对品牌竞争力各影响因素的控制程度，将品牌竞争力分为竞争内力和竞争外力	

---

① 李光斗等．品牌竞争力［M］．北京：中国人民大学出版社，2004．

续表

模型名称	研究者	内容	评价
评价指标 分析模型	余明阳、 罗文军、 韩福荣等	这类观点认为品牌竞争力由若干指标构成。其中，一级指标为品牌竞争力；二级指标一般由品牌市场表现、客户满意度、财务指标等组成	对于二级指标和三级指标的概念还没有全面、统一的说法
顾客价值 分析模型	Keller、 周玫等	基于顾客价值为基础来确定企业竞争力的模型	此类模型指出了品牌竞争力是与竞争对手相比较来进行测评的，但所考虑的因素较少，不能全面反映品牌竞争力的总体情况
市场竞争优势 分析模型	刘传铁、 程建等	认为品牌竞争力应划分为三个主要分力，市场占有力、超值创利力、市场开拓力	此类模型对品牌竞争力市场影响因素做了划分，考虑到了市场竞争的诸多作用方面
Interbrand 模型	Interbrand	当一种品牌在出售时，应有其确定的价格将品牌作为一项无形资产，列在资产负债表上。根据这一思想，公司设计出了衡量品牌价值的公式，其公式为：$E=I\times G$	这个评价模型考虑到了品牌在开拓市场、占领市场和获得利润方面的重要作用，具有一定的科学性，但选用指标过少，对品牌间的竞争性考虑不够
五要素模型	Aaker	提出品牌价值的五大要素，共包含了十个子要素	该研究模型对于研究品牌竞争力的构成要素有一定的借鉴作用
全球资产 模型	Motamenti 和 Shahrokhi	品牌价值＝品牌净收益（品牌回报－无品牌的回报）×品牌强度（顾客潜力、竞争潜力和全球潜力）	该模型不仅包括宏观因素，而且考虑到了顾客潜力等顾客的感知因素

（一）传统三度模型

该模型认为品牌竞争力主要由知名度、美誉度和忠诚度构成。此类模型由于对品牌竞争力的影响因素考虑得过于简单，目前已经很少使用。

（二）层次力分析模型

此类模型尚没有统一的说法，李光斗等认为，品牌竞争力由八个层次力构成，它们分别是品牌的核心力、市场力、忠诚力、辐射力、创新力、生命力、文化力和领导力。从核心力向领导力依次延伸递进。

汪波等提出，按企业对品牌竞争力各影响因素的控制程度，将品牌竞争力分为竞争内力和竞争外力。此类模型对品牌竞争力做了划分，考虑到了企业内外部环境对品牌竞争力的影响。但是它过于强调各层次间分力的递进关系和竞争内力、竞争外力的划分，淡化分力间的内在联系，同时认为竞争外力是企业无法进行控制的观点，有待商榷。

（三）评价指标分析模型

此类模型认为品牌竞争力由若干指标构成，但是对于指标的划分还没有统一的界定。其中，一级指标为品牌竞争力，二级指标为品牌产品销售额、品牌产品盈利额、品牌市场占有率、品牌延伸和创新、品牌质量、品牌满意度、品牌忠诚度等，并根据二级指标，设置相应的三级指标来测定。

（四）顾客价值分析模型

Keller 将基于顾客的品牌价值界定为由于顾客头脑中已有品牌知识而导致的顾客对品牌营销的差别化反应。这种差别化的反应是顾客对已有的品牌知识发挥作用的结果，体现在与品牌营销有关的感知、偏好和行为等方面，导致了品牌忠诚和品牌价值的差异。

因此，品牌的顾客价值优势是品牌价值最直接的表现，是为企业带来超额收益和为企业创造财务价值的前提条件，是品牌竞争力的基础。它是一个连接过去和未来的概念，既反映企业过去营销努力的积淀，同时又预示着品牌的未来收益能力，品牌竞争力的构成不应该脱离这个基础。品牌的顾客价值优势、顾客的品牌忠诚与品牌竞争力应该形成一个相互支持的闭合回路。

周玫等认为，品牌竞争力主要由顾客价值优势因子、市场占有率和超额利润率构成。其中，顾客价值优势因子＝（品牌产品价值–品牌产品成本）／（竞争品牌产品价值–竞争品牌产品成本）。此类模型指出了品牌竞争力是与竞争对手相比较来进行测评的，但所考虑的因素较少，不能全面反映品牌竞争力的总体情况。

（五）市场竞争优势分析模型

企业的市场竞争优势直接表现为市场的规模性、稳定性和扩张性三个方面。基于市场竞争优势分析，同时考虑到品牌竞争的市场特征，认为品牌竞争力应划分为三个主要分力：市场占有力、超值创利力、市场开拓力。该模型基于市场竞争优势分析，对品牌竞争力市场影响因素做了划分，考虑到了市场竞争的诸多作用方面，并对品牌关系因素进行了较为详细的描述。

（六）Interbrand 模型

当一种品牌在出售时，应有其确定的价格；品牌作为一项无形资产，应列在资产负债表上。根据这一思想，该公司设计出了衡量品牌价值的公式，其公式为：$E=I \times G$。其中，E 为品牌价值，I 为品牌给企业带来的年平均利润，G 为品牌强度因子。其中，品牌强度因子表示品牌为企业带来的竞争力。

品牌强度由十大因素构成：①真实性。品牌是否基于产品的实际能力而建立，是否继承和传达了明确的理念及良好的价值观，是否可以满足消费者对其的期望。②清晰度。品牌价值观、品牌定位和品牌主张是否阐述明确，使消费者在看到或听到这个品牌的时候可以立刻知道并了解这些内容。③内部重视程度。品牌在组织决策层面的高度，品牌在运作时间、得到的关注和获得的投资方面的支持程度。④品牌保护。品牌在各种层面得到保护的程度，包括法律保护、专利成分和设计、制式、品牌地理分布与企业社会责任等。⑤品牌反应力。品牌自身的领导意识与不断自我发展和更新的愿望带来的、可以应对变化和主动创造新机会的能力。⑥一致性。在各个接触点或各种传播方式上，品牌承诺被消费者所感知和认同的程度。⑦差异性。消费者

/顾客所感知的该品牌的定位与其竞争对手定位之间的区分度和独特性。⑧品牌存在性。对于品牌的谈论无处不在，品牌获得消费者、客户、舆论、社会媒体包括雇员的正面评价的程度。⑨相关性。品牌在所有的人群分类和地理区域中，可以满足客户/消费者的需求和期望的程度。⑩品牌理解度。客户和雇员不仅是知晓该品牌，并且对品牌的内涵有着深度的理解和洞察的程度（见表3-2）。

表3-2 Interbrand 模型品牌强度构成因素

要素	权重（%）	内容
真实性	10	品牌是否基于产品的实际能力而建立，是否继承和传达了明确的理念及良好的价值观，是否可以满足消费者对其的期望
清晰度	10	品牌价值观、品牌定位和品牌主张是否阐述明确，使消费者在看到或听到这个品牌的时候可以立刻知道并了解这些内容
内部重视程度	10	品牌在组织决策层面的高度，品牌在运作时间、得到的关注和获得的投资方面的支持程度
品牌保护	10	品牌在各种层面得到保护的程度，包括法律保护、专利成分和设计、制式、品牌地理分布与企业社会责任等
品牌反应力	10	品牌自身的领导意识和不断自我发展和更新的愿望带来的、可以应对变化和主动创造新机会的能力
一致性	10	在各个接触点或各种传播方式上，品牌承诺被消费者所感知和认同的程度
差异性	10	消费者/顾客所感知的该品牌的定位与其竞争对手定位之间的区分度和独特性
品牌存在性	10	对于品牌的谈论无处不在，品牌获得消费者、客户、舆论、社会媒体包括雇员的正面评价的程度
相关性	10	品牌在所有的人群分类和地理区域中，可以满足客户/消费者的需求和期望的程度
品牌理解度	10	客户和雇员不仅是知晓该品牌，并且对品牌的内涵有着深度的理解和洞察的程度

此评价模型考虑到了品牌在开拓市场、占领市场和获得利润方面的重要作用，具有一定的科学性，但选用指标过少，对品牌间的竞争性考虑不够。

（七）五要素模型

Aaker 将品牌价值看作品牌力量，即衡量有关消费者对该品牌产品需求的状况。他研究了品牌价值的五种构成要素：品牌忠诚度、品牌知名度、消费者感知质量、品牌联想和其他品牌资产，如专利权、分销渠道以及网络关系等。Aaker 在参考了 Y&R、Total Researeh、Intethrand 公司的研究成果后，提出了品牌价值的十大要素，这对我们研究品牌竞争力的构成要素有一定的借鉴作用。

（八）全球资产模型

Motamenti 和 Shahrokhi 在 1998 年提出了全球资产价值（Global Brand Equity，GBE）模型。该模型认为品牌价值等于品牌净收益和品牌强度的乘积①。品牌强度体现了企业的品牌竞争力，由顾客潜力、竞争潜力和全球潜力三大要素组成，每个因素又包含了其他的子因素。品牌价值＝品牌净收益（品牌回报－无品牌的回报）×品牌强度（顾客潜力、竞争潜力和全球潜力）。该模型不仅包括宏观因素，而且考虑到了顾客潜力等顾客的感知因素。

三、科技创新品牌竞争力评价系统的构建逻辑

（一）科技创新品牌竞争力评价系统的逻辑架构

科技创新品牌竞争力评价系统是一套采用多指标综合评价分析方法，以指数形式反映科技创新企业或园区品牌竞争力强弱和品牌竞争力发展趋势的指标体系，如图 3-1 所示。

本书将科技创新品牌竞争力评价系统分为科技创新企业品牌竞争力评价指数和科技创新园区品牌竞争力评价指数。其中，科技创新企业品牌竞争力

---

① Reza Motamenti, Manuchehr Shahrokhi. Brand Equity Valuation：A Global Perspective［M］. MCB UP Ltd., 1988.

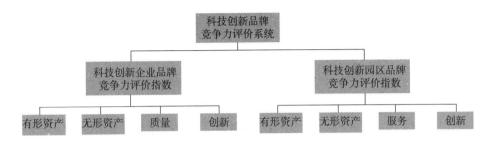

图3-1 科技创新品牌竞争力评价系统

评价指数包含的要素为有形资产、无形资产、质量和创新；科技创新园区品牌竞争力评价指数包含的要素为有形资产、无形资产、服务和创新。

(二) 科技创新品牌竞争力评价系统的要素释义[①]

1. 有形资产

有形资产是指那些以具体实物形态存在的资产，分为固定资产和流动资产、生产有形资产和非生产有形资产。有形资产的范围包括设备、设施、建筑物、土地、存货，以及流动资金、股票、期货、债券等。作为品牌竞争力评价系统的要素，有形资产的范围不但包含财务意义上的可货币化的固定资产，也包括无法货币化的有形资产，如河流、森林、草原等自然资源，以及其他对品牌发展有特殊意义的特定地理、气候、自然景观等，这些都是品牌竞争力评价重要的有形资源。

有形资产是构成品牌竞争力的基本要素，是支撑品牌运营发展的基础条件。有形资产代表了品牌的资产属性，因此，品牌也可以买卖、转让、抵押。有形资产作为品牌竞争力的核心要素，代表了品牌的盈利能力、投资效益、经济实力、融资能力和发展潜力。实现有形资产增值是企业经营的目的，也是品牌发展的根本目的。有形资产作为品牌的经济效益和发展能力的表现，在品牌竞争力评价中要兼顾当前收益和可持续发展的平衡。

作为品牌竞争力基本要素的有形资产，除了具有一般意义上的资产属性特征外，更重要的是要强调区别于企业的专有性特征，及其对品牌竞争力的

[①] 刘平均. 品牌价值发展理论［M］. 北京：中国质检出版社，中国标准出版社，2016.

特殊贡献。这种专有性资产包括专有的仪器设备、专用工具、专用材料等，还包括战略性资本合作和战略性投资。专有性资产能够获取更多的竞争优势和市场盈利能力。

有形资产要素存在于所有类型的品牌中，但是起到的作用和对品牌竞争力的贡献是不同的。在传统生产制造业、传统零售业中，有形资产规模决定了品牌的生产能力、销售规模和市场规模，决定了企业的盈利能力，如汽车、商品零售、电力能源、电信等行业。对于软件业、现代电子产品制造业和现代服务业来说，设计、生产分离的 OEM 方式是当今流行的一种生产方式，品牌拥有者占据产业的高端，生产制造以委托代工形式进行。这类品牌的有形资产构成中具有低固定资产比例、高投资收益的特点。科技创新领域的品牌是过去 15 年间发展最快、投资收益率最高的品牌。

2. 无形资产

通常意义上的无形资产是指不具有具体实务形态的续存期较长的非货币性资产，主要是指知识产权，包括专利权、商标权和版权。无形资产相对于有形资产而存在，可以作为经营资源进行投资、抵押、出租、配置、割让和买卖，无形资产可以带来商业利益。

作为品牌竞争力要素的无形资产的范围，包括知识产权、品牌文化、历史传承、社会责任以及工艺诀窍等。

无形资产存在于所有类型的品牌中，当然也有着不同的表现和作用。在科技创新领域的品牌中，专利权是最重要的无形资产，对品牌竞争力发展起着决定作用。这类品牌多采用轻资产运营模式，具有非常高的收益率，如 IBM、苹果、微软、华为等都因为拥有大量的专利权而占据了品牌竞争的有利地位。对于服装领域的品牌来说，重要的无形资产是产品的设计权。

对于传统产业或产品品牌来说，特殊的制造工艺、配方、工艺诀窍或者商业诀窍也是品牌赖以生存的和发展的一种重要无形资产。这种工艺或商业诀窍的形成和传承往往是历史的沉淀，与特定的经历以及人文自然地理环境密切相关。

品牌文化是品牌发展过程的历史足迹和文化沉淀，反映了品牌的理念、价值观和精神情感的追求，是一个品牌区别于其他品牌独特的个性形象和文化符号。品牌文化是品牌的灵魂、精神追求和传承的基因。成功的品牌文化已经超越产品和企业，成为一个国家和地区的文化象征。品牌文化是社会文化的一个重要组成部分，并且随着社会的发展变化而变化。品牌文化具有时代性、地域性和民族性特点。成功的品牌文化，是那些能够超越时代、引领时代发展的，被不同民族、不同语言用户认同的国际性文化，能够引起心理共鸣和情感认同，具备传递正能量、追求美好生活的价值观。

对企业而言，知识产权是品牌的重要资产，是核心竞争力，对品牌竞争力发展有重要影响。品牌文化是品牌的个性特征，传递品牌理念、价值观、精神追求和情感表达。品牌文化的定位决定了品牌的个性、用户群和市场定位。

对用户而言，容易感知的无形资产主要是品牌文化和个性。从用户角度看，一个品牌的文化是用户识别品牌、选择品牌的重要标志和依据。用户通过对文化的认同，选择价值观相似并且具有情感认同的品牌。

3. 质量

按照国际标准化组织（ISO）的定义，所谓质量是指一组固有特性满足要求的程度。这是从标准化角度对质量含义的准确把握，同样适用于品牌。作为不断发展的品牌竞争力要素的质量，还有着特定的要求和特点。

第一，质量是相对的，是在特定经济条件下的质量。离开特定的成本和价格条件谈质量是没有意义的。在市场环境下，品牌的质量定位与生产成本、产品用户群定位和销售价格密切相关。品牌在市场上的质量表现是物有所值。奢侈品品牌定位于高端市场，其特点是高质高价，具有高利润率。普通消费品品牌定位于大众消费市场，其质量定位是物美价廉，商业模式是薄利多销。

质量的相对性还表现在可比较性上。用户对不同类型品牌的质量期待是不同的。对奢侈品的质量要求是精工制造、完美无瑕，并且具有美的享受和艺术的体验。对于超市提供的日用消费品品牌来说，用户更多的是关注其实用性、便利性、耐用性、可靠性和安全性等方面。

第二，质量是一种感觉，通过感知获得，是用户感知到的质量。用户质量体验和质量感知是对企业质量承诺的检验和确认。作为品牌竞争力的质量要素，是指企业提供的质量与用户感知的质量的符合程度。这种符合程度决定了质量的价值贡献。如果用户感知的质量低于预期，其价值贡献是负面的，品牌竞争力将会降低；如果用户感知的质量高于预期，则价值贡献是正面的。

第三，质量的一致性和稳定性。把质量作为品牌竞争力评价的基本要素，要求品牌所提供的产品和服务的质量保持高度一致，是稳定的质量，不因生产、销售、配送、使用的时间和地点的不同而改变。

第四，质量风险。质量缺陷和质量安全事故等对品牌的影响是巨大的，有时候是致命的。例如，因质量缺陷导致全球范围的产品召回不但会极大地增加企业成本，而且会大大降低用户的信任度。

质量作为品牌竞争力评价的基本要素，适用于所有类型的品牌，适用于所有行业领域。不同领域品牌的质量要求和表现各不相同，取决于其产品、服务特点的不同。例如，用户对汽车质量的首要要求是安全可靠，而对软件产品的要求则是运行稳定、使用便利，两者明显不同。

对企业而言，质量是品牌的基础，质量定位决定了品牌的用户定位、价格定位、市场定位，决定了生产工艺、材料、成本和利润率。因此，质量定位直接影响品牌的盈利能力。此外，质量也是品牌风险源之一。品牌经济是规模经济、全球经济，具有强烈的网络效应。质量缺陷、质量安全事故等质量风险可以通过网络效应放大，对品牌的伤害是巨大的。企业需要特别注意通过降低品牌的质量风险提高品牌的质量稳定性。

对市场而言，作为品牌竞争力要素的质量是品牌的品质象征和品质代名词，是品牌发展历程中长期追求质量的结果。如瑞士手表、德国汽车、意大利服装、中国丝绸、日本电器等，都是历史形成的大家熟知的高质量的品牌代表。

对用户而言，质量感知可以分为可接受、可信、可靠、安全、满意、幸福、惊喜等不同反应。超过用户预期的质量感知和性价比感知，是用户产生购买欲和购买行为的重要条件，是品牌价值实现的基础。用户对不同类型品牌的质量缺陷的容忍程度也是不一样的。

对社会而言，把质量作为品牌竞争力评价要素的意义和作用是巨大的。对于那些社会基础设施和公共服务领域的品牌，质量要素的作用是不言而喻的，是社会基础设施发展水平、公共服务能力和生产力水平的象征。对于其他类型品牌来说，强调质量要素的作用，有利于提高全社会的质量意识，提高产品质量水平，提高人民生活水平。这点对于广大发展中国家来说尤其重要，这是质量要素对品牌经济价值和社会价值的贡献。

质量也包括服务。服务是一种活动或者活动的过程，是一种顾客体验。通常讲，服务是发生在提供者（组织）与顾客之间某种活动的输出。服务的方式是多样的，可以是在向客户提供的有形产品和无形产品上完成的活动，也可以是为客户交付无形产品的活动，或者为顾客创造氛围的活动。作为品牌竞争力要素的服务，是品牌的属性之一，关系到品牌的价值观、发展战略、市场定位、品牌标志以及用户体验。其内涵包括以下五个方面：

（1）服务是品牌的特征标识和判别标志之一。每个品牌都有其独特的服务，是区别于其他品牌的标志，也是用户识别、选择品牌的重要标识。

（2）服务作为品牌竞争力要素存在于所有类型的品牌中，是不可分离的品牌属性。服务贯穿在品牌发展的全生命周期，发生在企业和用户之间，是品牌的共性特征。

（3）从以生产为中心向以用户为中心的转变是现代品牌发展的趋势，服务已经成为企业品牌发展战略，并成为品牌核心竞争力之所在。

（4）对品牌服务要素的评价主要集中在服务的独特性、及时性、便捷性和顾客满意度等方面。

（5）服务的一致性。用户希望在不同时间、不同地点接受的品牌服务是一致的、令人心情愉悦的。

服务是所有品牌共有的属性，不同类型品牌的服务特征、表现和用户需求是不一样的。服务类品牌的特征是服务的能力、服务的感知和满意程度。对于这类品牌，服务本身是产品，是品牌的内容。评价服务类品牌的服务特征不是指服务本身的内容，而是该品牌独特的服务特点，如科技创新品牌的服务强调的是用户体验，包括售前服务、售后维护保养服务等。

对企业而言，服务已经成为提升品牌竞争力的重要因素。作为品牌竞争力要素的服务，适用于所有品牌类型，无论科技创新品牌还是传统品牌，大众品牌还是高端品牌，服务业品牌还是生产制造领域的品牌，它都已经成为品牌不可分割的部分和发展方向。互联网技术的普及极大地提高了服务能力、工作效率，缩短了企业与用户的距离。提供让用户满意、幸福的服务是提高品牌竞争力的重要途径。

对用户来说，服务的重要性等同于产品质量。用户所期待的服务是能够满足其生活、工作和社交方式的要求和追求的服务。用户对品牌所提供、呈现和感受到的服务，及其与期待中服务的差距决定了用户对品牌的满意度。因此，服务对用户的购买欲和消费行为有直接的影响。

对社会来说，社会化公共服务提供能力、服务便捷程度是基础设施完善程度和社会生产力发展水平的标志，与百姓的日常生活息息相关。这些服务包括医疗、教育、通信、交通、银行等。强调品牌的服务特性，有助于发展服务业、提高公共服务能力、提升服务水平。品牌竞争力的服务要素不但具有经济意义，还具有社会贡献。

4. 创新

创新是一个广泛使用但缺乏严格定义的术语，创新的结果是形成新市场或者扩大已有市场的规模。

作为品牌竞争力要素的创新，是指品牌具有创新属性。创新是科技创新品牌发展的决定性要素，是最活跃的要素。对这类品牌来说，创新是品牌的生命。品牌的形成、发展壮大始于创新，品牌的发展也离不开持续不断的创新。品牌的生命周期终止于创新，一旦创新停止了，品牌就"死亡"了。苹果、亚马逊、阿里巴巴、谷歌等都是典型的成功案例。与此相反，雅虎、诺基亚、摩托罗拉等品牌曾经都是十分成功的品牌，是行业发展的"领头羊"，其起点也都是因为重大的技术创新。但是，由于没有顺应技术发展的潮流，没有及时适应市场需求的快速变化和用户消费习惯的变化，缺乏成功的持续创新，其结果可想而知。

创新要素的市场表现具有两个方面的作用：一方面，表现为具有竞争能力的新产品、新功能、新服务，以及令用户满意的性价比。产品和服务系列化、层次化、多元化也是创新的表现。用户对创新要素的直接感知来自与传统产品或同类产品和服务的对比，是对产品和服务的新颖性、独特性、及时性、便利性的感知，以及由此产生的购买欲和消费行为。另一方面，技术创新不仅表现在满足市场需求的能力，更重要的是创造新的需求、创造新的市场，这对于品牌发展的作用是巨大的。

从社会角度看，发生在品牌企业或产品的创新是整个产业链、供应链各个环节、各个领域创新的集中表现，表现为社会生产能力、配套能力和技术水平的提高，以及社会产业分工的合理化、规范化、有序化，其结果是提高社会整体的生产效率。创新不仅影响企业的生产经营，也影响着产业经济发展。创新是驱动品牌经济、品牌社会发展的社会动力。

第四章
科技创新品牌竞争力评价系统的
指标体系构建

第一节 科技创新品牌竞争力评价指标体系构建

科技创新品牌竞争力评价指标，是根据企业所拥有的资源和资产进行分解，能够反映企业的关键资源和资产构成因素变化的衡量参数。科技创新品牌竞争力评价指标体系则是一个通过核算科技创新品牌竞争力评价指标完成情况，进而能够了解科技创新企业的品牌竞争力的、能对科技创新企业的品牌竞争性的提升起到指导性作用的体系。

一、科技创新品牌竞争力评价指标体系构建思路

科技创新品牌竞争力评价指标体系是一系列用以评估科技创新企业及园区品牌竞争力状态的要素体系，本质是将品牌竞争力这一复杂、不可直接测量的概念分解成可以直接衡量的片段。体系构建的思路在于，结合指标体系一般由两层或两层以上的指标构成的特点，科技创新品牌竞争力评价指标体系以资产及内外部资源为落脚点，结合品牌竞争力的概念与科技创新的特征，以有形资产、无形资产、质量、创新这四个要素描述了企业品牌竞争

力，又以有形资产、无形资产、服务、创新这四个要素描述了园区品牌竞争力。进而用有代表性的一级指标来描述园区及企业品牌竞争力的几个要素，并将每个一级指标细化为 2~5 个二级指标，最后将二级指标细分为不可再分、可以直接测量的三级指标。

二、科技创新品牌竞争力评价指标体系构建原则

（一）代表性原则

科技创新品牌竞争力评价指标体系是根据品牌竞争力的概念及科技创新的特点构建起来的，能够影响企业及园区品牌竞争力的指标有很多，在构建评价指标体系时无法将企业及园区运营过程中的各个细节都纳入指标体系当中，否则将会使评价的过程烦琐而复杂。科技创新品牌竞争力评价指标体系对在企业及园区运作过程中体现其品牌竞争力的关键要素和指标进行提炼和归纳，使之成为能够对品牌竞争力进行定量分析的有效工具。

（二）系统性原则

企业或园区作为测量对象既是一个独立的个体，也是一个与外部环境相联系的系统，构建科技创新品牌竞争力评价指标体系的过程中需要考虑企业及园区的内部资源环境并结合所处的外部环境进行系统而全面的构建。同时，各指标的重要性在指标体系中的体现也要进行系统而综合的考虑。

（三）具体性原则

具体性是指科技创新品牌竞争力评价指标要能够清晰地描述特定的品牌竞争力的要素，不能笼统空泛，并且能够客观地、最为集中地反映科技创新品牌竞争力的各要素的要求。各指标概念清晰，避免它们之间描述的概念出现交叉重复，但需要评价指标能够反映评估对象的一般性特征，从而提高实际评估的准确性。

（四）实用性原则

构建科技创新品牌竞争力评价指标体系的目的在于衡量科技创新企业及

园区的品牌竞争力，评价指标应选取对企业及园区的运营有切实意义的指标，即所选取的指标应能够对企业及园区在运营过程中的人力资源管理、产品质量管理、财务管理等方面提供参考依据，从而使企业及园区了解建立竞争力品牌过程中存在的薄弱点，进而起到使企业及园区根据指标评价结果达到提高品牌竞争力、完善管理进程的目的。

（五）普适性原则

普适性原则是指所选取的指标具有一定的普遍适用性，也就是说，指标应适用于不同的行业和地区，能够综合性地反映企业及园区的品牌竞争力情况，将三级指标根据行业的需要调整以后，能够使不同行业、不同地区的企业及园区之间的品牌竞争力指数具有一定的可比性。

（六）可测量性原则

可测量性原则要求科技创新品牌竞争力评价指标应是能够数量化或是行为化的，描述评价指标所用到的基础数据应是在企业及园区在现有核算数据中能够取得的。同时，需要验证这些评价指标的数据或信息是否可以被直接测量，并且评价指标应是实际存在的而不是假设的。在数据处理方面要求一级指标之间存在一定的独立性，避免出现共线性问题，并要求不同级别指标之间存在一定的相关性，否则无法证明得到的数据测量的是同一个上级指标。

三、科技创新品牌竞争力评价指标体系构建过程

为使科技创新品牌竞争力评价指标体系符合以上六个构建原则，课题组进行了多次的访谈和验证，并选取了科学的分析方法，主要包括四个阶段的内容：

（一）在理论分析基础上得到指标体系构成要素

品牌是一种关系资源，是能够将消费者与企业紧密联系起来的无形力量，企业通过品牌的力量使消费者对企业产生某种感知和情感，品牌这种无

形资产能够将企业品牌与其他企业品牌相区别，品牌能够在为企业创造持续利润的同时也为消费者创造附加价值，同时企业品牌能够反映一个企业的独特文化，与企业的价值观有高度的一体化特征，也是竞争对手难以模仿的一种资源，是企业核心能力的重要来源。品牌价值是品牌竞争力的直接表现形式，品牌价值表现为品牌的溢价能力、市场开拓能力、持续发展能力等，来源于企业产品的超额创利能力以及消费者的心理认知。

在对品牌价值进行梳理的基础上，课题组综合以往企业品牌竞争力评价体系，提出科技创新品牌竞争力评价指标体系不仅需要包括以往研究中存在共性的财务、市场、消费者这三个方面，并且根据科技创新的定义还应该包括创新这一方面。从而提出科技创新企业品牌竞争力评价指标体系包括有形资产、无形资产、质量、创新四个要素；科技创新园区品牌竞争力指数包括有形资产、无形资产、服务、创新四个要素。

（二）德尔菲法收集指标信息

德尔菲法是一种典型的综合性群体决策方法，能够充分利用专家的知识、经验和智慧。课题组采用德尔菲法对专家进行访谈，专家包括品牌竞争力或品牌管理研究方向的学者以及企业的高层管理者。课题组拟定访谈提纲，并根据访谈提纲对专家进行访谈，随后对专家的访谈结果进行文字整理，收集关于科技创新品牌竞争力评价指标体系的信息。

（三）对指标信息进行资料分析

将根据德尔菲法得到的文字信息进行译码分析，对收集到的资料进行逐级编码和建模，首先通过开放式译码分析得出三个层次关键词，其次通过主轴译码对不同层次的主题词进行逻辑关联，最后通过选择性译码找出核心范畴重组。

（四）对评价指标体系进行信度效度检验

课题组主要通过以下方式提高信度：首先，在资料收集处理方式上，资料来源是根据专家意见的客观整理，而不加入主观的修饰成分；其次，在数据处理上，使用的数据处理方法客观，是根据收集到的文字资料进行编码分析以出现的频率来判断主要影响因素；再次，课题组后续进行了回访、追踪和数据的补充，以使得资料收集整理和分析更具完备性；最后，课题组将得到的指标体系对企业进行前后两次实际测试，检验指标体系的重测信度。

课题组主要采取三种方式提高研究的效度：第一，在进行数据处理过程中，严格按照科学的技术和流程，采用科学的软件工具进行分析；第二，访谈提纲及访谈问题的指向性鲜明，并且被访谈的专家研究方向以及企业高管的管理范畴都是与品牌竞争力相关的领域；第三，课题组将得到的指标体系对企业进行测试，并将测评的分数与企业的其他指标相比较，检验指标体系的内容效度。

除此之外，课题组还利用因子分析之主成分分析法将若干相关度较大的广义级指标汇集，形成少数几个因子，所形成的因子可以在较大程度上解释品牌竞争力核心指标的信息。

第二节　科技创新品牌竞争力评价指标体系

结合以上科技创新品牌竞争力评价指标体系的几个原则，按照上述过程，课题组形成了评价指标体系的理论模型，并以理论模型为指导，构建出一套全面系统的指标体系。

一、科技创新品牌竞争力评价指标体系理论模型

国内外较为成熟的品牌竞争力评价指标体系为课题组在构建理论模型的过程中起到了很好的指导作用，具体来说，Aaker 从品牌价值的构成要素考虑，认为品牌忠诚度、品牌知名度、消费者感知质量及品牌联想等要素是构成品牌价值的主要因素；Landor 机构主要从市场的角度出发进行研究，认为品牌竞争力评价是由市场定位、产品类别、寿命、质量、个性和意象、媒体

支持等市场指标构成；Keller 以消费者的视角为出发点，认为品牌忠诚是品牌竞争力的核心衡量标准；Interbrand 从财务表现的角度出发，将品牌在将来可预见的一段时期内能够为企业创造的收益以一种科学的方法换算为品牌的现实价值，提出"品牌价值=品牌的未来收益×品牌乘数"；Sheena Leek 和 George Ghristodoulides 认为，品牌价值中蕴含着产品和服务所体现的功能价值和情感价值。国内学者沈占波等从外显性指标与潜力性指标两个角度思考，认为品牌市场力、品牌形象力、品牌财务力都是品牌竞争力的重要评价指标；孟鹏等提出资源水平、管理水平及技术水平是品牌培育能力的重要支撑。

国内外研究者对于品牌竞争力评价指标体系的研究成果丰富，综合对比来看，虽然国内外学者对于品牌竞争力的内涵没有形成一个统一的观点，但对于品牌竞争力的评价主要包含了三个维度：一是市场表现的角度，品牌竞争力表现为市场影响力及市场占有情况；二是财务角度，品牌竞争力的核心体现是品牌为企业创造价值的能力；三是消费者角度，品牌竞争力表现为品牌产品带给消费者的心理价值。

从市场的角度来说，课题组用市场影响力指标描述了市场方面在品牌竞争力中的重要作用，财务方面则概括为财务竞争力，同时课题组认为竞争力的必要条件之一是必须具有可持续性，因此提出资源整合力这一指标。市场影响力、财务竞争力以及资源整合力都是企业有形资产的一种体现，因此课题组将有形资产作为理论模型的一个模块，该模块包括市场影响力、财务竞争力及资源整合力。

从消费者角度来看，课题组将消费者对于企业品牌的认同和忠诚等消费者对品牌的心理感受描述为品牌文化。并且，课题组将可以影响公众对企业形象感知的企业社会责任也纳入理论模型中，同时，知识产权体现着企业对其智力劳动所创造的成果享有的权利也是企业重要的无形资产。课题组将无形资产作为一个理论模型的一个模块，这一模块包括企业文化、企业社会责任及知识产权三个部分。

一家产品及服务质量高、服务方式独特的企业必然会给消费者、其他上下游企业及竞争者在企业品牌竞争力上产生积极的影响，因此课题组将质量作为理论模型的一个模块，它包括产品质量及服务能力两个部分。

　　科技创新是一个涉及全社会力量的系统工程，包括创新资源、创新机构、创新机制、创新环境等主要部分，科技创新的过程可以大致概括为三个阶段：首先是科技成果的产生阶段，在此阶段主要进行基础研究和应用研究，产生新的思想和知识；其次是科技成果的转化阶段，在这一阶段实现科技成果的产业化和商业化；最后是科技成果产生经济效益和社会效益的阶段，企业主要在这一阶段起作用。课题组以创新要素概括科技创新的这些特征，并将其作为理论模型的一个模块，这一模块包括创新环境、创新能力和创新绩效。

　　总结上述观点，课题组形成了由四个要素构成的科技创新企业品牌竞争力评价指标体系理论模型，如图4-1所示。

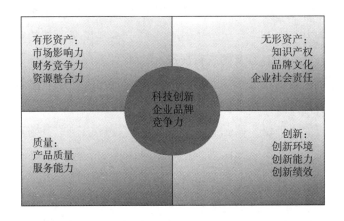

图4-1　科技创新企业品牌竞争力评价指标体系理论模型

　　课题组在形成科技创新企业品牌竞争力评价指标体系理论模型的基础上，结合科技创新园区主要以服务体现其品牌竞争力的特点，对构成要素和指标进行调整，形成了科技创新园区品牌竞争力评价指标体系的理论模型，如图4-2所示。

　　科技创新企业与科技创新园区的第三要素虽然名称上不同，但其所反映的企业及园区的本质是相同的，都是对产品或服务质量的一种考量。

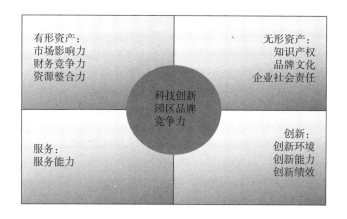

图 4-2 科技创新园区品牌竞争力评价指标体系理论模型

二、科技创新品牌竞争力评价指标体系

（一）科技创新企业品牌竞争力评价指标体系

课题组在所形成的科技创新企业品牌竞争力评价指标体系的理论模型的基础上进一步拓展，采用德尔菲法进行资料的收集，并进行资料的整理和分析，在进行了信度和效度检验后，形成了系统而全面的科技创新企业品牌竞争力评价指标体系，指标体系由 11 个一级指标，30 个二级指标以及 89 个三级指标构成，如表 4-1 所示。

（二）科技创新园区品牌竞争力评价指标体系

课题组根据科技创新企业品牌竞争力评价指标体系，结合园区特点，在资料整理的基础上依照同样的方法，构建了科技创新园区品牌竞争力评价指标体系，指标体系由 10 个一级指标，28 个二级指标以及 86 个三级指标构成，如表 4-2 所示。

表4-1 科技创新企业品牌竞争力指数

要素	权重赋值（专家法）	一级指标	权重赋值（专家法）	二级指标	权重赋值（专家法）	三级指标	权重赋值（专家法）	指标含义
有形资产		市场影响力		市场占有能力		市场占有率		品牌产品的销售产品的总销量×100%
						市场覆盖率		品牌产品的销售区域/总销售区域×100%
						新产品市场渗透率		新品牌产品的销售区域总销售额×100%
						品牌产品销售量		品牌产品的销售总量
				超值获利能力		品牌产品出口增长率		（当年品牌产品出口额－上年品牌产品出口额）/上年品牌产品出口额×100%
						品牌产品出口利润率		品牌产品出口利润/品牌产品出口总额×100%
						品牌溢价率		（品牌产品价格－无品牌产品价格）/无品牌产品价格×100%
						品牌资产报酬率		品牌利润/企业总资产×100%
						品牌销售利润率		（品牌产品销售额－品牌产品成本）/品牌产品销售额×100%

续表

要素	一级指标	权重赋值（专家法）	二级指标	权重赋值（专家法）	三级指标	权重赋值（专家法）	指标含义
有形资产	财务竞争力		融资效率		资产负债率		公司年末的负债总额/资产总额×100%
					流动比率		流动资产总额/流动负债总额×100%
			投资经营效果		净资产报酬率		公司一段时期内净利润总额/公司的净资产×100%
					EBITDA率		息税前利润和折旧及摊销/销售收入×100%
			现金管理		营运资金占比		运营资金/营业收入×100%
					销售现金比率		经营现金净流量/营业收入×100%
					资产现金回收率		经营现金净流量/全部资产×100%
					自由现金流占比		自由现金流/营业收入×100%
			成长能力		总资产增长率		企业本年总资产增长额/年初资产总额×100%
					营业收入增长率		企业本年营业收入总额与上年营业收入总额差值/上年营业收入总额×100%
					净利润增长率		企业本期净利润额/上期净利润额×100%

续表

要素	一级指标	权重赋值（专家法）	二级指标	权重赋值（专家法）	三级指标	权重赋值（专家法）	指标含义
有形资产	资源整合力		资金筹供能力				从企业的信用等级、负债程度、国家对行业的支持度等方面衡量，评分划为五级
			原材料筹供能力				通过单位原料能源成本、具有特殊合作关系的供应商数量及其在行业中的地位等来衡量，评分划为五级
			品牌专项人力资源比例				品牌专项人员数量/企业总人数
无形资产	知识产权		专利权获得能力		专利数		
					专利增长率		
					研发密集度		研发投入密集度、研发人员密集度
					技术开发成果数		
					新产品数		
			商标权影响力		品牌的主观熟悉程度		对不同品牌的熟悉程度进行五级打分，分值越高，则认为消费者对该品牌在主观上更熟悉

续表

要素	一级指标	权重赋值（专家法）	二级指标	权重赋值（专家法）	三级指标	权重赋值（专家法）	指标含义
无形资产	知识产权		商标权影响力		品牌形象认知度		五级打分：优秀、良好、一般、差、很差
					品牌符号认知度		从品牌名称、品牌标识和品牌包装、品牌色彩等衡量，评分标准分为五级
					品牌认知程度		从公司品牌、名称、标识和形象等衡量，分为五级
	品牌文化		品牌知名度		品牌知名程度		国际知名、国内知名、区域知名、行业知名和一般
					品牌传播评价		持续或经常传播、一般传播、偶尔传播、没有传播
					品牌识别系统		从公司名称、公司标志、公司口号和公司文化等衡量，评分标准分为五级
					无提示知名度		首先回答该品牌名称的人数/被调查人数
					提示后知名度		提示后回答该品牌的人数/被调查人数

续表

要素	一级指标	权重赋值（专家法）	二级指标	权重赋值（专家法）	三级指标	权重赋值（专家法）	指标含义
无形资产	品牌文化		品牌美誉度		品牌信任程度		非常可信、比较信任、一般可信、可信度差
					品牌认知程度		非常认同、比较认同、一般认同、较小认同
					品牌品质承诺		超值、优秀、一般、较差、恶劣
			品牌满意度		品牌产品满意度		从质量、外观、体验等要素衡量，分为五级
					品牌服务满意度		从售前、售后服务质量等衡量，分为五级
			品牌忠诚度		品牌溢价性		相比同类产品均价，愿为A品牌多付价格的比例
					品牌偏好性		在购买某产品时，优先选择A品牌的可能性如何。评分标准为五级
					再次购买率		再次购买某产品时，继续选择A品牌的可能性有多大。评分标准为五级
					行为忠诚度		期间重复购买该品牌产品的人数/期间品牌总购买人数

续表

要素	一级指标	权重赋值（专家法）	二级指标	权重赋值（专家法）	三级指标	权重赋值（专家法）	指标含义
无形资产	品牌文化		品牌忠诚度		顾客推荐率		向他人推荐该品牌的人数/品牌总购买人数
					缺货忠诚度		在A产品可能缺货的情况下，愿意等待的可能性有多大。评分标准分为五级
			品牌联想		功能联想		从产品的外观、产品与服务的质量、功能利益衡量，评分标准分为五级
					品牌个性联想		从科技健康、时尚，想认知衡量，服务等方面联想衡量，评分标准分为五级
					品牌独特性		从品牌符号、产品、服务、情感功能独特性衡量，评分标准分为五级
					组织联想		从企业形象、产品、品牌形象、文化形象、个人形象衡量，评分标准分为五级
	企业社会责任		对利益相关者的责任		对员工责任		劳动合同、员工权益、安全生产、沟通协商机制
					对合作伙伴责任		互利合作、相互促进
					对投资方责任		治理结构、信息披露

续表

要素	一级指标	权重赋值（专家法）	二级指标	权重赋值（专家法）	三级指标	权重赋值（专家法）	指标含义
无形资产	企业社会责任		对社区责任		对环境责任		环境管理、资源与能源管理、污染物管理
					对社区责任		就业岗位、社区建设
					对政府责任		纳税、反腐倡廉、社会稳定、分五级评价
					慈善公益责任		慈善捐助、抗震救灾、抚慰济困助学等公益事业、分五级评价
质量	产品质量		质量管理能力		质量管理体系建设：ISO9000族标准		
	服务能力		服务设计能力		服务创新能力		
					服务流程化能力		信息系统支持、服务节点管理、绩效管理能力
			服务传递能力		服务一致性承诺		服务信息、服务意识、服务动机
					服务人员占比		
					服务员工满意度		
					服务渠道覆盖率		

续表

要素	一级指标	权重赋值（专家法）	二级指标	权重赋值（专家法）	三级指标	权重赋值（专家法）	指标含义
创新	创新环境		教育环境		教育经费占 GDP 的比重		
					高等教育入学率		高等教育在学人数与适龄人口之比。适龄人口是指 18～22 岁年龄段的人口数
					高等学校数占高校总数的百分比		
			信息环境		互联网用户占比		
					百户家庭电脑拥有量		
			政策环境		科技政策满意度		
					税收减免力度		
			知识产权保护力度		结案数/报案数		
			创新载体与平台		省级以上高新区数占比		
					国家级高新特色产业基地占比		

续表

要素	一级指标	权重赋值（专家法）	二级指标	权重赋值（专家法）	三级指标	权重赋值（专家法）	指标含义
创新	创新环境		创新载体与平台		国家级大学科技园占比		
					国家级重大研发机构占比		
					高技术研究重点实验室数		
	创新能力		劳动者素质		每万人口R&D人员数量		R&D人员全时当量数/从业人员年均人数
					万名从业人员中科学家和工程师数		从业人员中的科学家和工程师的数量
			资金投入		企业R&D人员比重		研发机构R&D人员投入占企业R&D人员的比重
					R&D经费占GDP的比重		用于研究与试验发展（R&D）活动的经费占地区生产总值（GDP）的比重
					企业研发经费占R&D经费总额的比重		

90

续表

要素	一级指标	权重赋值（专家法）	二级指标	权重赋值（专家法）	三级指标	权重赋值（专家法）	指标含义
创新	创新能力		资金投入		创业投资规模占 GDP 比重		
					高校 R&D 支出中来自企业的投入比例		
	创新绩效		结构优化		高技术产业增加值占 GDP 的比重		高技术总产值和增加值都是作为评价高技术发展规模的指标
					高技术产品出口占出口的比重		高技术产品的出口总占口出口的比重
					万元 GDP 能耗		一定时期内，一个国家或地区（创造）一个计量单位（创造）的 GDP 所消耗的能源
			知识产出		每亿元 GDP 专利授权数和发明专利申请数		
					每万 R&D 人员的国际科技论文总数		
					每万人口专利申请数		

表 4-2 科技创新园区品牌竞争力指数

要素	一级指标	权重赋值（专家法）	二级指标	权重赋值（专家法）	三级指标	权重赋值（专家法）	指标含义
有形资产	市场影响力		市场占有能力		市场占有率		本园区品牌产品的销售产品的总销量×100%
					市场覆盖率		本园区品牌产品的销售区域/总销售区域×100%
					新产品市场渗透率		本园区新品牌产品的销售额/区域总销售额×100%
					品牌产品销售量		本园区品牌产品的销售总量
			超值获利能力		品牌产品出口增长率		本园区（当年品牌产品出口额 - 上年品牌产品出口额）/上年品牌产品出口额×100%
					品牌产品出口利润率		本园区品牌产品出口利润/品牌产品出口总额×100%
					品牌溢价率		本园区（品牌产品价格 - 无品牌产品价格）/无品牌产品价格×100%
					品牌资产报酬率		本园区品牌利润/企业总资产×100%
					品牌销售利润率		本园区（品牌产品销售额 - 品牌产品销售成本）/品牌产品销售额×100%

续表

要素	一级指标	权重赋值（专家法）	二级指标	权重赋值（专家法）	三级指标	权重赋值（专家法）	指标含义
有形资产	财务竞争力		融资效率		资产负债率		同区年末的负债总额/资产总额×100%
					流动比率		同区流动资产总额/流动负债总额×100%
			投资经营效果		净资产报酬率		同区一段时期内净利润总额/公司的净资产×100%
					EBITDA率		同区息税前利润折旧及摊销/销售收入×100%
					营运资金占收比		同区运营资金/营业收入×100%
			现金管理		销售现金比率		同区经营现金净流量/营业收入×100%
					资产现金回收率		同区经营现金净流量/全部资产×100%
					自由现金流占收比		同区自由现金/营业收入×100%
			成长能力		总资产增长率		同区本年总资产增长额/年初资产总额×100%
					营业收入增长率		同区本年营业收入总额与上年营业收入总额差值/上年营业收入总额×100%

续表

要素	一级指标	权重赋值（专家法）	二级指标	权重赋值（专家法）	三级指标	权重赋值（专家法）	指标含义
有形资产	财务竞争力		成长能力		净利润增长率		园区本期净利润额/上期净利润额×100%
	资源整合力		资金筹供能力				从园区的信用等级、负债程度、国家对本园区重点行业的支持度等方面衡量，评分划为五级
			品牌专项人力资源比例				品牌专项人员数量/企业总人数
无形资产	知识产权		专利权获取能力		专利数		
					专利增长率		
					研发密集度		研发投入密集度、研发人员密集度
					技术开发成果数		
					新产品数		
			商标权影响力		品牌的主观熟悉程度		对不同品牌的熟悉程度进行五级打分，分值越高，则认为消费者对该品牌在主观上更熟悉
					品牌形象认知度		五级打分：优秀、良好、一般、差、很差

续表

要素	一级指标	权重赋值（专家法）	二级指标	权重赋值（专家法）	三级指标	权重赋值（专家法）	指标含义
无形资产	知识产权		商标权影响力		品牌符号认知度		从品牌名称、品牌标识和品牌包装、品牌色彩等衡量，评分标准分为五级
					品牌认知程度		从公司品牌、名称、标识和形象等衡量，分为五级
					品牌知名程度		国际知名、国内知名、区域知名、行业知名和一般
					品牌传播评价		持续或经常传播、一般传播、偶尔传播、没有传播
	品牌文化		品牌知名度		品牌识别系统		从公司名称、公司标志、公司口号和公司文化等衡量，评分标准分为五级
					无提示知名度		首先回答该品牌名称的人数／被调查人数
					提示后知名度		提示后回答该品牌的人数／被调查人数
			品牌美誉度		品牌信任程度		非常可信、比较信任、一般可信、可信度差

续表

要素	一级指标	权重赋值（专家法）	二级指标	权重赋值（专家法）	三级指标	权重赋值（专家法）	指标含义
无形资产	品牌文化		品牌美誉度		品牌认知度		非常认同，比较认同，一般认同，较小认同
					品牌品质承诺		超值，优秀，一般，较差，恶劣
			品牌满意度		品牌产品满意度		从质量、外观、体验等要素衡量，分为五级
					品牌服务满意度		从售前、售后服务质量等衡量，分为五级
			品牌忠诚度		品牌溢价性		相比同类产品均价，愿为A品牌多付价格的比例
					品牌偏好性		在购买某产品时，优先选择A品牌的可能性如何。评分标准分为五级
					再次购买率		再次购买某产品时，继续选择A品牌的可能性有多大。评分标准分为五级
					行为忠诚度		期间重复购买该品牌产品人数/期同品牌总购买人数
					顾客推荐率		向他人推荐该品牌的人数/品牌总购买人数

续表

要素	一级指标	权重赋值（专家法）	二级指标	权重赋值（专家法）	三级指标	权重赋值（专家法）	指标含义
无形资产	品牌文化		品牌忠诚度		缺货忠诚度		在A产品可能缺货的情况下，愿意等待的可能性有多大。评分标准分为五级
					功能联想		从产品的外观、产品与服务的质量、功能利益衡量，评分标准分为五级
			品牌联想度		品牌个性联想		从科技健康、时尚、服务等方面联想认知衡量，评分标准分为五级
					品牌独特性		从品牌符号、产品、服务、情感功能独特性衡量，评分标准分为五级
					组织联想		从企业形象、文化形象、品牌形象、个人形象衡量，评分标准分为五级
	企业社会责任		对利益相关者的责任		对员工责任		劳动合同，员工权益，安全生产，沟通协商机制
					对合作伙伴责任		互利合作，相互促进
					对投资方责任		治理结构，信息披露
			对社区责任		对环境责任		环境管理，资源与能源管理，污染物管理

续表

要素	一级指标	权重赋值 （专家法）	二级指标	权重赋值 （专家法）	三级指标	权重赋值 （专家法）	指标含义
无形资产	企业社会责任		对社区责任		对社区责任		就业岗位、社区建设
					对政府责任		纳税、反腐倡廉、社会稳定、分五级评价
					慈善公益责任		慈善捐助、抗震救灾、抚恤济困助学等公益事业、分五级评价
服务	服务能力		服务设计能力		服务创新能力		信息系统支持、服务节点管理、绩效管理能力
					服务流程化能力		
			服务传递能力		服务一致性承诺		服务信息、服务意识、服务动机
					服务人员占比		
					服务员工满意度		
					服务渠道覆盖率		
创新	创新环境		教育环境		教育经费占 GDP 的比重		
					高等教育毛入学率		高等教育在学人数与适龄人口之比
			信息环境		互联网用户占比		
					百户家庭电脑拥有量		
			政策环境		科技政策满意度		
					税收减免力度		

续表

要素	一级指标	权重赋值（专家法）	二级指标	权重赋值（专家法）	三级指标	权重赋值（专家法）	指标含义
创新	创新环境		知识产权保护力度		结案数/报案数占比		
			创新载体与平台		省级以上高新区数占比		
					国家级高新特色产业基地		
					国家级大学科技园占比		
					国家级重大研发机构占比		
					高技术研究重点实验室数		
	创新能力		劳动者素质		每万人口中R&D人员数		R&D人员全时当量数/从业人员年均人数
					万名从业人员中科学家和工程师数		从业人员中的科学家和工程师的数量
					企业R&D人员比重		研发机构R&D人员投入占企业R&D人员的比重

续表

要素	一级指标	权重赋值（专家法）	二级指标	权重赋值（专家法）	三级指标	权重赋值（专家法）	指标含义
创新	创新能力		资金投入		R&D 经费占 GDP 的比重		
					创业投资规模占 GDP 比重		
					高校 R&D 支出中来自企业的投入比例		
	创新绩效		结构优化		高技术产业增加值占 GDP 的比重		
					高技术产品出口占出口的比重		高技术产品的出口占总出口的比重
					万元 GDP 能耗		
			知识产出		每亿元 GDP 专利授权数和发明专利申请数		
					每万 R&D 人员国际科技论文数		
					每百万人口专利申请数		

三、科技创新企业品牌竞争力评价指标含义

课题组对收集到的信息进行分析、编码整理后，在理论模型的 4 个要素和 11 个组成部分基础上，构建了指标体系的二级指标和三级指标，其中三级指标是不可再分的、可直接测量的最终指标，下面将对指标体系中的各指标含义进行具体描述。

（一）有形资产要素层面指标释义及测度依据

有形资产要素包括市场影响力、财务竞争力及资源整合力三个方面，而每一个方面又可分别分解为几个二级指标。

1. 市场影响力

市场影响力从品牌竞争的角度反映了企业当前的竞争地位，由市场占有能力和超值获利能力这两个二级指标支撑，这两个二级指标进一步细化得到 9 个三级指标。

（1）市场占有率＝品牌产品的销售/产品总销售量×100%；

（2）市场覆盖率＝品牌产品的销售区域/总销售区域×100%；

（3）新产品市场渗透率＝新品牌产品的销售/区域总销售额×100%；

（4）品牌产品销售量＝品牌产品的销售总量；

（5）品牌产品出口增长率＝（当年品牌产品出口额−上年品牌产品出口额）/上年品牌产品出口额×100%；

（6）品牌产品出口利润率＝品牌产品出口利润/品牌产品出口总额×100%；

（7）品牌溢价率＝（品牌产品价格−无品牌产品价格）/无品牌产品价格×100%；

（8）品牌资产报酬率＝品牌利润/企业总资产×100%；

（9）品牌销售利润率＝（品牌产品销售额−品牌产品成本）/品牌产品销售额×100%。

其中，市场占有率、市场覆盖率、新产品市场渗透率、品牌产品销售量、品牌产品出口增长率、品牌产品出口利润率这六个三级指标描述了市场

占有能力这一指标，这六个指标数据可以通过查阅企业的年报或通过海关数据来取得；超额获利能力指标由品牌溢价率、品牌资产报酬率、品牌销售利润率三个指标构成，关于品牌溢价率的数据可以直接在市场上获得，品牌资产报酬率、品牌销售利润这两个指标需要企业来提供基础数据。

2. 财务竞争力

财务竞争力从企业绩效角度反映品牌对企业的贡献率，财务方面的指标往往具有较强的客观性，能够直接反映出品牌为企业带来的收益情况，财务竞争力指标由融资效率、投资经营效果、现金管理和成长能力四个指标构成，这四个指标细分为了 11 个三级指标。

（1）资产负债率＝公司年末的负债总额/资产总额×100%；

（2）流动比率＝流动资产总额/流动负债总额×100%；

（3）净资产报酬率＝公司一段时期内净利润总额/公司的净资产×100%；

（4）EBITDA 率＝息税前利润和折旧及摊销/销售收入×100%；

（5）营运资金占收比＝运营资金/营业收入×100%；

（6）销售现金比率＝经营现金净流量/营业收入×100%；

（7）资产现金回收率＝经营现金净流量/全部资产×100%；

（8）自由现金流占收比＝自由现金/营业收入×100%；

（9）总资产增长率＝企业本年总资产增长额/年初资产总额×100%；

（10）营业收入增长率＝企业本年营业收入总额与上年营业收入总额差值/上年营业收入总额×100%；

（11）净利润增长率＝企业本期净利润额/上期净利润额×100%。

融资效率包括资产负债率和流动比率两个指标，投资经营效果由净资产报酬率、EBITDA 率及运营资金占收比构成，现金管理由销售现金比率、资产现金回收率和自由现金流占收比组成，以上指标的基础数据都需要由企业提供；成长能力指标由总资产增长率、营业收入增长率和净利润增长率组成，这些指标的基础数据来自企业或工商部门。

3. 资源整合力

品牌竞争力是企业以往投入和努力的体现，探究企业持续支撑其品牌竞争能力的因素状况很有必要，资源整合力代表着企业品牌的持续发展能力，课题组通过对品牌发展基本规律的研究，将资源整合力细分为资金筹供能力、原材料筹供能力、品牌专项人力资源比例三个二级指标。

（1）资金筹供能力是通过从企业的信用等级、负债程度、国家对行业的支持度等方面衡量和评分，一共划分为五个等级；

（2）原材料筹供能力是通过单位原料能源成本、具有特殊合作关系的供应商数量及其在行业中的地位等来评分，同样划分为五个等级；

（3）品牌专项人力资源比例是以品牌专项人员数量占企业总人数的比例来衡量的。

其中，资金筹供能力和原材料筹供能力的数据是在调研的基础上，经过专家评分得到的，品牌专项人力资源比例的数据由企业提供。

（二）无形资产要素层面指标释义及测度依据

无形资产要素包含知识产权、品牌文化和企业社会责任三个一级指标。上述三个方面都无法直接为企业带来收益的增加，但做好这三个方面的维护工作可以间接地提升企业品牌竞争力，因此课题组用无形资产要素概括了知识产权、品牌文化和企业社会责任三个一级指标。

1. 知识产权

知识产权主要包括专利权、著作权和商标权，而对于企业来说更重要的是专利权与商标权，课题组用九个三级指标衡量专利权与商标权的获得能力与影响力。专利权利获得能力指标包括专利数、专利增长率、专利密集度、技术开发成果数及新产品数，研发密集度包括研发投入密集度与研发人员密集度，关于专利权获得能力的五个三级指标的数据都可从科技部门的统计数据中获得。商标权影响力包括品牌的主观熟悉程度、品牌形象认知度、品牌符号认知度与品牌认知程度。品牌的主观熟悉程度指标需要通过消费者对不同品牌的熟悉程度进行五级打分，分值越高，则认为消费者在主观上对该品牌更熟悉；品牌形象认知度指标通过消费者进行五级评分，分为优秀、良好、一般、差、很差五个等级；品牌符号认知度指标需要消费者从品牌名称、品牌标识和品牌包装、品牌色彩等衡量，评分标准分为五级；品牌认知程度指标需要消费者从公司品牌、名称、标识和形象等衡量，评分标准分为五级。关于商标权影响力的四个三级指标均需要消费者为企业评分，根据评分情况了解企业商标权的影响力。

2. 品牌文化

课题组将品牌带给消费者的心理价值的相关指标整合为品牌文化指标，根据消费者对品牌的知名度、态度、联想、情感依附和忠诚，将品牌文化分为品牌知名度、品牌美誉度、品牌满意度、品牌忠诚度和品牌联想度五个二级指标，这五个部分共细分为 20 个三级指标。

（1）品牌知名程度分为国际知名、国内知名、区域知名、行业知名和一般五个等级；

（2）品牌传播程度划分为评价持续或经常传播、一般传播、偶尔传播、没有传播四个等级；

（3）品牌识别系统从公司名称、公司标志、公司口号和公司文化等衡量，评分标准划分为五个等级；

（4）无提示知名度＝首先回答该品牌名称的人数/被调查人数；

（5）提示后知名度＝提示后回答该品牌的人数/被调查人数；

（6）品牌信任程度分为非常可信、比较信任、一般可信、可信度差四个等级；

（7）品牌认知程度由非常认同、比较认同、一般认同、较小认同四个等级来评价；

（8）品牌品质承诺通过超值、优秀、一般、较差、恶劣五级量表测量；

（9）品牌产品满意度从质量、外观、体验等要素进行评价，各用五个等级衡量；

（10）品牌服务满意度从售前、售后服务质量等角度进行评价，每个角度用五个等级进行评分；

（11）品牌溢价性描述为相比同类产品均价，愿为 A 品牌多付价格的比例；

（12）品牌偏好性描述为在购买某产品时，优先选择 A 品牌的可能性如何，评分标准分为五级；

（13）再次购买率用再次购买某产品时，继续选择 A 品牌的可能性有多大来描述，评分标准分为五级；

（14）行为忠诚度＝期间重复购买该品牌产品的人数/期间品牌总购买人数；

（15）顾客推荐率=向他人推荐该品牌的人数/品牌总购买人数；

（16）缺货忠诚度描述为在 A 产品可能缺货的情况下，愿意等待的可能性有多大，评分标准分为五级；

（17）功能联想从产品的外观、产品与服务的质量、功能利益衡量，评分标准分为五级；

（18）品牌个性联想从科技健康、时尚、服务等方面联想认知衡量，评分标准分为五级；

（19）品牌独特性从品牌符号、产品、服务、情感功能独特性衡量，评分标准分为五级；

（20）组织联想从企业形象、产品形象、品牌形象、文化形象、个人形象衡量，评分标准分为五级。

品牌知名度是指消费者在对调查品牌形成的初步认知印象的基础上，受到所调查品牌自身识别系统、营销传播方式等方面的影响，产生二次感知的认知状态。课题组将品牌知名度指标通过品牌知名程度、品牌传播评价、品牌识别系统，无提示知名度、提示后知名度这五个三级指标来衡量。其中，品牌知名度、品牌传播评价和品牌识别系统需要专家进行评分，得到关于企业品牌知名度的分值情况，无提示知名度与提示后知名度指标需要通过在消费者中做相关的调查来取得相关的数据。

品牌美誉度是消费者对品牌的整体印象，实质是被调查对象对该品牌的赞誉程度，具体包括对产品的功能、特点、服务及品质等方面的评价，品牌美誉度是企业品牌实行差异化战略，进行差异化定价的基础，同时也是品牌进行相关产品延伸的基础，课题组通过品牌信任程度、品牌认知程度、品牌品质承诺三个指标评价了品牌美誉度指标。这一部分的数据可以通过专家及消费者评分来获得。

品牌满意度主要表现为消费者对企业产品与服务的满意程度，满意度是企业持续发展的基础，也是消费者对企业产品及服务产生美誉度的基础，课题组以品牌产品满意度和品牌服务满意度两个指标对品牌满意度进行测评，该部分的数据需通过消费者调查取得。

品牌忠诚度是一种行为过程，表现为消费者在多次购买产品的过程中一种行为的倾向性。品牌忠诚度由品牌溢价性、品牌偏好性、再次购买率、行为忠诚度、顾客推荐率、缺货忠诚度六个指标构成，其中品牌溢价性与品牌偏好性的数据可通过消费者调查获得，再次购买率、行为忠诚度、顾客推荐率、缺货忠诚度这四个指标的数据可以借助企业的销售数据得到。

品牌联想度是指通过品牌产生的所有联想，包括更深层次的情感和依附程度，这些联想能够组合出一些意义，形成品牌形象，进一步提供购买的理由和品牌延伸的依据。品牌联想度包括功能联想、品牌个性联想、品牌独特性、组织联想四个维度，该部分的数据可以通过消费者调查或专家评分获得。

3. 企业社会责任

企业社会责任是指企业在创造利润、对股东和员工承担法律责任的同时，还要承担对消费者、社区和环境的责任，这就要求企业不仅要追求利润目标，更要在生产经营过程中注重对人的价值的关注，强调对环境、社会的贡献。课题组将企业社会责任指标分为对利益相关者的责任及对社区责任两个二级指标，这两个二级指标共细分为 7 个三级指标。

（1）对员工责任包括劳动合同、员工权益、安全生产、沟通协商机制等方面；

（2）对合作伙伴责任体现为互利合作、相互促进；

（3）对投资方责任表现为企业治理结构、信息披露的程度；

（4）对环境责任表现为企业对环境的管理、资源与能源的管理与污染物的管理；

（5）对社区责任体现为企业所提供的就业岗位及对社区建设的贡献；

（6）对政府责任包括纳税、反腐倡廉、社会稳定三个方面，分别进行五级评价；

（7）慈善公益责任包括在慈善捐助、抗震救灾、抚慰济困助学等公益事业方面的贡献，分五级评价。

其中，对员工责任、对合作伙伴责任及投资方责任三个指标构成了对利益相关者的责任指标，对环境责任、对社区责任、对政府责任、慈善公益责任四个指标构成了对社区责任的指标。企业社会责任维度的数据来源包括专家对企业提供的文件评分、环境部门的评价、员工对企业的评价等。

（三）质量要素层面指标释义及测度依据

质量要素包括产品质量和服务能力两个一级指标，企业所提供的产品和质量的好坏决定了消费者对企业品牌的评价，高水平的质量提供、高品质的服务提供代表着较高的品牌价值，质量要素是提升企业品牌竞争力的重要因素。

1. 产品质量

对产品质量指标的衡量主要体现为质量管理能力指标，采用的评价方式也是较为科学客观的质量管理体系建设：ISO9000 族标准。

2. 服务能力

服务能力体现为服务设计能力与服务传递能力共细分为 6 个三级指标，包括服务创新能力、服务流程化能力、服务一致性承诺、服务人员占比、服务员工满意度、服务渠道覆盖率。其中，服务创新能力的数据需通过企业或专家评分获得，服务流程化能力则需要在企业进行调研的基础上进行专家评分。

（四）创新要素层面指标释义及测度依据

根据科技创新的定义与特点，影响企业科技创新能力的因素包括外部大环境科技的进步，企业内部对科技创新的重视投入程度，最后将表现为科技创新为企业带来的收益的增加。课题组用创新要素概括了科技创新的这些特征，并用创新环境、创新能力、创新绩效三个一级指标来描述这一要素。

1. 创新环境

企业科技创新能力的发展很大程度上受限于外部创新环境的发展，外部先进的科学技术能够为企业借力，降低生产经营过程中的成本，为企业带来收益上的增加。这一维度包括教育环境、信息环境、政策环境、知识产权保护力度、创新载体与平台五个维度，共细分为 13 个三级指标。教育环境指标包括教育经费占 GDP 的比重、高等教育毛入学率、高等学校数占高校总数的百分比，这一部分的数据可通过统计年鉴获取；信息环境指标包括互联网用户占比与百户家庭电脑拥有量，可通过区域数据获得这一部分的基础数据；政策环境指标包括科技政策满意度与税收减免力度，知识产权保护力度是指结案数/报案数，这两个维度的指标都可通过地方政府的数据或者通过企业调研来获得；创新载体与平台指标包括省级以上高新区数占比、国家级高新特色产业基地占比、国家级大学科技园占比、国家级重大研发机构占比、高技术研究重点实验室数，这一部分的评价对象为所有国家高新区，评价指标体系测算涉及数据均来源于经国家统计局批准、火炬中心组织实施的国家高新区年度统计调查。

2. 创新能力

企业创新能力包括人员方面的能力以及企业对科技创新所投入资金的份额，创新能力维度分为劳动者素质与资金投入两个二级指标，共细分为 7 个三级指标。每万人口 R&D 人员数量表示为 R&D 人员全时当量数/从业人员年均人数，万名从业人员中科学家和工程师数是指从业人员中的科学家和工程师的数量，企业 R&D 人员比重表示为研发机构 R&D 人员投入占企业 R&D 人员的比重，数据来自于企业的统计数据，这三个指标构成了劳动者素质维度。资金投入包括四个三级指标：R&D 经费占 GDP 的比重（用于研究与试验发展（R&D）活动的经费占地区生产总值（GDP）的比重），企业研发经费占 R&D 经费总额的比重，创业投资规模占 GDP 比重，高校 R&D 支出中来自企业的投入比例。这七个指标较为全面地概括了创新能力这个维度。

3. 创新绩效

创新绩效维度包括结构优化与知识产出两个二级指标，共细分为 6 个三级指标。高技术产业增加值占 GDP 的比重是作为评价高技术发展规模的指标，高技术产品出口占出口的比重指标就是高技术产品的出口占总出口的情况，万元 GDP 能耗描述为一定时期内，一个国家或地区（创造）一个计量单位（通常为万元）的 GDP 所消耗的能源，以上三个指标构成了结构优化指标。知识产出包括三个指标：每亿元 GDP 专利授权数和发明专利申请数、每万 R&D 人员的国际科技论文总数、每万人口专利申请数，这部分数据来源于园区或科技部门的统计。

四、科技创新园区品牌竞争力评价指标含义

科技创新企业与科技创新园区品牌竞争力评价指标体系两者之间有着很多的共同点，本节将不再赘述，在该部分将介绍两者在指标体系上的差异性。

（一）以园区为立足点进行指标计算

与科技创新企业品牌竞争力评价指标体系不同的是，园区的各项数据来

源都立足于所调查评价的园区，根据园区的品牌产品销售情况计算市场占有能力及超值获利能力指标的数据，根据园区的资本运营情况计算融资效率、投资经营效果、现金管理、成长能力等一系列的与财务相关的指标。

（二）根据园区特点对指标的调整

园区是政府进行统一规划指定区域，并在区域内专门设置某类特定行业、形态的企业、公司等来进行统一的管理，科技创新园区是以高新科技研发企业为主的区域。园区是不同企业的集合，因此一些适用于企业的评价指标将不适用于对园区的评价。对园区的评价体系的资源整合力一级指标下只包含两个二级指标，即资源筹供能力与品牌专项人力资源比例，两者的指标含义相同，只是在数据来源方面是由园区提供基础评价数据。在园区评价指标体系中，与企业评价体系中的质量要素相对应的是服务要素，服务要素包括服务能力一个一级指标，细分为服务设计能力与服务传递能力两个二级指标，指标含义与评分方式仍与企业的评价体系相同。

第三节 科技创新品牌竞争力评价指标权重体系

对于一个多指标评价体系来说，各评价指标的相互重要程度体现为指标权重大小的不同，权重反映了在进行评价时该指标对整个评价体系的价值，更体现为对所要进行评价的目标的影响程度。指标权重的变动很可能会引起被评价对象最终的评分结果，并最终影响被评价对象的排位顺序，并在其他研究人员进行参考时产生误导。因而十分有必要采取科学的方法认真对待这一环节。

一、权重设定的基本方法

指标权重的确定方法主要有两大类：一类是主观赋权法，另一类是客观赋权法。主观赋权法由专家根据经验对实际问题主观判断、合理确定各指标相对重要性，并通过数学处理获得反映指标实际重要程度的近似权重，其显著特点是所确定的指标权重能反映指标实际重要程度的顺序情况，较为成熟的研究方法包括 Dephi 法、AHP 法、最小平方和法、特征向量法等。客观赋权法是根据决策矩阵中某种指标下各方案指标值差异的大小来确定其权重，各指标方案值差异越大，则该指标权重越大，显著特点是确定的指标权重具有绝对的客观性，无主观影响，但确定的权重有时与实际相悖。综合以上论述，课题组采用了层次分析法（AHP）进行指标权重的设定。

层次分析法（Analytic Hierarchy Process，AHP）是美国运筹学家 T. L. Saaty 教授于 20 世纪 70 年代提出的一种系统分析方法，是一种定量与定性相结合、系统化和层次化的分析方法，该方法能够把人的思维过程层次化、数量化，并用数学手段为分析、决策提供定量的依据，是一种定性与定量相结合进行权重分析的较好方法，主要解决由众多因素构成且因素之间相互关联、相互制约并缺少定量数据的系统分析问题。

层次分析法的构建过程大体可以概括为四个部分：首先，建立递阶层次结构模型，此步骤可以确定各个指标之间的隶属关系，建立一个描述系统功能或特征的内部独立的层次结构，这些层次一般分为目标层、准则层与方案层；其次，需要构造出各层次中的判断矩阵，这一步骤是根据对各层次相关元素的判断，对每一层次的相对重要性做出定量表示，判断矩阵用来表示每一层次的各要素相对于上层要素的重要程度；再次，要对层次单排序及一致性检验；最后，通过对各层次的分析，导出总排序权重。其基本步骤如下：

（一）建立递阶层次结构模型

构建递阶层次结构体系，是为了确定各个指标之间的隶属关系。应用 AHP 分析决策问题时，首先要把问题结构化、层次化，构造出一个层次结构模型。在这个模型中，复杂问题被分解为许多个构成该问题的元素。按照这些元素的属性及相互逻辑关系将它们划分为若干层次。上一层级的元素作为准则，对下一层级有关元素起主导作用。这些层级可以分为三类：

（1）目标层：在这一层级中仅有一个元素，一般它是待分析问题的目标或者最佳状态，因此我们可称其为结果层或者目标层。

（2）准则层：这一层次中包括为实现目标所涉及的中间环节，它一般可以由若干个层次组成，包括所需考虑的准则、子准则，因此我们称其为准则层。

（3）方案层：这一层次包含了为实现目标可供选择的各种措施、决策方案等，因此我们称其为措施层或方案层。

（二）构造出各层次中的判断矩阵

层次结构可以反映元素之间的相互关系，但准则层中的各个准则在待分析问题的目标衡量中所占的重要程度并不一定相同，在决策者的心目中，它们各占有一定的比例。判断矩阵用来描述每一层次的各要素相对于上层要素的重要程度，例如判断矩阵：

$$A = \begin{bmatrix} a_{11} & a_{12} & \cdots & a_{1j} & \cdots & a_{1n} \\ \vdots & \vdots & \vdots & \vdots & \vdots & \vdots \\ a_{i1} & a_{i2} & \cdots & a_{ij} & \cdots & a_{in} \\ \vdots & \vdots & \vdots & \vdots & \vdots & \vdots \\ a_{n1} & a_{n2} & \cdots & a_{nj} & \cdots & a_{nn} \end{bmatrix}$$

其中，a_{ij}表示针对上层因素而言，属于同一上层的要素 i 相对于要素 j 重要程度的数值，即重要性的标度，反映了两个指标之间的相当重要程度，一般采用专家评估或专家打分的方式。通常 a_{ij} 采用 1~9 标度，如表 4-3 所示。之后需要通过专家小组成员对指标重要性比较值进行评分。

表 4-3　标度表

标度	定义	含义
1	同样重要	两要素对某属性同样重要
3	稍微重要	两要素对某属性，一元素比另一元素稍微重要
5	明显重要	两要素对某属性，一元素比另一元素明显重要
7	强烈重要	两要素对某属性，一元素比另一元素强烈重要
9	极端重要	两要素对某属性，一元素比另一元素极端重要
2、4、6、8	相邻标度中值表示相邻	两标度之间折中时的标度
上列标度倒数	反比例	元素 i 对元素 j 的标度为 a_{ij}，反之为 $1/a_{ij}$

（三）层次单排序及一致性检验

判断矩阵 A 对应于最大特征根 λmax 的特征向量 W，经归一化后即为同一层次相应因素对于上一层次某因素相对重要性的排序权值，这一过程称为层次单排序。对于判断的一致性检验的步骤如下：

第一步，CI =（λmax−n）／（n−1）；

第二步，查找相应的平均随机一致性指标 RI。对于 n = 1，2，3，4，5，6，7，8，9，Saaty 给出了 RI 的值，如表 4-4 所示。

表 4-4　RI 指标变化值

阶数	1	2	3	4	5	6	7	8	9
RI	0	0	0.58	0.9	1.12	1.24	1.32	1.41	1.45

RI 的值是欧尼随机方法构造 500 个样本矩阵，随机地从 1~9 及其倒数中抽取数字构造正反矩阵，求得最大特征根的平均值 λ'max，并定义

$$RI =（λ'max）／（n−1）$$

第三步，计算一致性比例 CR，再计算出一致性指标 CI = CR×RI。如果 CR≤0.1，则认为判断矩阵符合满意的一致性标准，层次单排序的结果是可以接受的；如果 CR>0.1，则认为判断矩阵不符合满意的一致性标准，层次单排序的结果是不能接受的，须重新构建判断矩阵，直到通过检验。

（四）层次总排序及一致性检验

上面我们得出的是一组元素对其上一层中某元素的权重向量。最终我们要得到各元素，尤其是方案层中各方案对于目标的排序权重，从而进行方案选择。层级总排序权重需要自上而下地将单准则下的权重进行合成。

假设上一次层次（A 层）包含 A_1，A_2，$\cdots$，A_m，共 m 个因素，它们的层次总排序权重分别为 a_1，a_2，$\cdots$，a_m；又设下一参差（B 层）包含 n 个因素 B_1，B_2，$\cdots$，B_n，它们关于 A_j 的层次单排序权重分别为 b_{1j}，b_{2j}，$\cdots$，b_{nj}。先要求 B 层中各因素关于总目标的权重，即求 B 层各因素的层次总排序权重 b_1，b_2，$\cdots$，b_n，计算按下面所示方式进行，即

$$bi = \sum_{j=i}^{m} b_{ij} \, a_j$$
$$i = 1, \ 2, \ \cdots, \ n$$

对层次总排序我们也需做一致性的检验，检验也要像层次单排序那样由高层到低层逐层进行。这是因为，虽然各层次均已经过层次单排序的一致性检验，各成对比较判断矩阵都已具有较为满意的一致性。但当综合考察时，各层次的非一致性仍有可能积累起来，引起最终分析结果较严重的非一致性。

设 B 层中与 A_j 相关的因素的成对比较判断矩阵在单排序中经一致性检验，求得单排序一致性指标为 CI (j)，(j = 1, 2, $\cdots$, m)，相应的平均随机一致性指标为 RI (j)，则 B 层总排序随机一致性比例为：

$$CR = \frac{\displaystyle\sum_{j=1}^{m} CI(j) \, a_j}{\displaystyle\sum_{j=1}^{m} RI(j) \, a_j}$$

当 CR<0.10 时，认为层次总排序结果具有较满意的一致性并接受该分析结果。

在整个递阶层次结构所有判断的总的一致性指标达到满意时，则可以利用模型进行评价。

二、指标权重系数的设定

无论是单纯地采用主观的权重确定方法还是借助客观的权重评价方式，都会使最终的评价结果出现一定的偏差。单纯采用主观方法确定权重（如层次分析法），过于强调评价者的偏好，人为因素过于浓重，评价带有一定倾向性；单纯采用客观方法确定权重，则权重分配主要取决于各指标评价值的差异性，往往难以满足评价的目标要求，也无法反映评价者的主观偏好，甚至背离评价者的主观愿望。为了能客观地对被评价品牌做出公正的评价，避免以往评价方法中确定指标权重时采用单一方法的局限性，在评价模型中采用以下组合权重系数：

$$W_j^* = \beta W_j^z + (1 - \beta) W_j^s$$

式中，W_j^* 为指标 j 的组合权重系数；W_j^z 为相应的主观权重系数，β 为主观偏好系数；W_j^s 为相应的客观权重系数，（1-β）为客观偏好系数，β ∈ [0，1]。β 的具体数值由评价者根据实际情况、被评价品牌所处行业背景和评价者偏好等因素中和给出，本书中 β 取值 0.6。

本章应用 G_1 法确定主观权重，采用熵值法确定客观权重。下面给出 W_j^z 和 W_j^s 的确定方法。

（一）主观权重的确定方法——G_1

G_1 法是东北大学的郭亚军教授通过对特征值法的改进提出的一种无须一致性检验的方法。该方法不用构造判断矩阵，计算量相比层次分析法明显减少，且对同一层次中的元素个数没有限制，具有简便、直观、便于使用的特点，G_1 法主要分为三个步骤。

1. 确定序关系

定义 1 若评价指标体系 x_i 相对于某评价准则（或目标）的重要性程度大于（或不小于）x_j 时，则记 $x_i > x_j$。

定义 2 若评价指标 x_1，x_2，…，x_m 相对于某评价准则（或目标）具有关系式：

$$x_i^* > x_2^* > \cdots > x_m^* \tag{4-1}$$

时，则称评价指标体系 x_1，x_2，…，x_m 间按 ">" 确立了序关系。这里 x_i^* 表示 x_1，x_2，…，x_m 按序关系 ">" 排定顺序后的第 i 个评价指标（i = 1，2，…，m）。记（4-1）式为：

$$x_i > x_2 > \cdots > x_m \tag{4-2}$$

2. 给出 x_{k-1} 与 x_k 间相对重要性程度的比较判断

设专家对评价指标 x_{k-1} 与 x_k 的重要性程度之比 W_{k-1}/W_k 的理性判断分别为：

$$W_{k-1}/W_k = r_k \quad (k = m, m-1, m-2, \cdots, 3, 2) \tag{4-3}$$

m 较大时，由序关系式（4-2）可取 $r_m = 1$。r_k 的赋值可参见表 4-5。

表 4-5　r_k 取值参考表

r_k	定　义
1	指标 x_{k-1} 与指标 x_k 具有同样重要性
1.1	指标 x_{k-1} 与指标 x_k 之比介于同样重要和稍微重要之间
1.2	指标 x_{k-1} 比指标 x_k 稍微重要
1.3	指标 x_{k-1} 与指标 x_k 之比介于稍微重要和明显重要之间
1.4	指标 x_{k-1} 比指标 x_k 明显重要
1.5	指标 x_{k-1} 与指标 x_k 之比介于明显重要和强烈重要之间
1.6	指标 x_{k-1} 比指标 x_k 强烈重要
1.7	指标 x_{k-1} 与指标 x_k 之比介于强烈重要和极端重要之间
1.8	指标 x_{k-1} 比指标 x_k 极端重要

关于 r_k 之间的数量约束，有以下定理：

定理 1　若 x_1，x_2，…，x_m 具有序关系式（4-2），则

$$r_{k-1} > 1/r_k, \quad (k=m, m-1, m-2, \cdots, 3, 2) \tag{4-4}$$

3. 权重系数 ω_k 的计算

定理 2　若专家（或决策者）给出 r_k 的理性赋值满足关系式（4-4），则 W_j^z 为：

$$W_j^z = \left(1 + \sum_{k=2}^{m} \prod_{i=k}^{m} r_i \right)^{-1} \tag{4-5}$$

$$W_{k-1} = r_k W_k, \quad (k=m, m-1, m-2, \cdots, 3, 2) \tag{4-6}$$

以上三个部分就是 G_1 法实施的三个步骤，G_1 赋权的特点在于指标的重要性以及相邻指标之间的重要性之比都是由专家主观确定，因此指标的权重反映专家的意见，按照 G_1 法可以得到专家们一种主观的关于指标体系的权重。

（二）客观权重的确定方法——熵值法

熵值法也是一种根据各项指标观测值所提供的信息量的大小来确定指标权数的方法。熵最初来源于物理学中的热力学概念，主要反映系统的混乱程度，现已广泛应用于可持续发展评价及社会经济等研究领域。在信息论中，

熵是系统混乱程度的度量，而信息则是有序程度的度量，二者绝对值相等，符号相反，熵在信息论中又称为平均信息量，它是信息的一个度量。根据信息论的定义，在一个信息通道中输出的第 i 个信号的信息量为 I_i，$I_i = -\ln p_i$，公式中 p_i 是这个信号出现的概率。因此，如果有 n 个信号，其出现的概率分别为 p_1，p_2，…，p_n，则这 n 个信号的平均信息量，即熵为 $-\sum_{i=1}^{n} p_i \ln p_i$。

下面利用熵的概念给出确定指标权重系数的熵值法。

信息的增加意味着熵的减少，熵可以用来度量这种信息量的大小。设 x_{ij}（$i=1$，2，…，n；$j=1$，2，…，m）为第 i 个系统中的第 j 项指标的观测数据。对于给定的 i，j 的差异与该项指标对系统的比较作用呈正相关关系，越大说明该项指标包含和传输的信息越多。用熵值确定指标权数的步骤如下：

1. 计算特征比重

在这一步骤中需要计算第 j 项指标下，第 i 个系统的特征比重：

$$p_{ij} = x_{ij} \Big/ \sum_{i=1}^{n} x_{ij}$$

其中，假定 $x_{ij} = 0$，且 $\sum_{i=1}^{n} x_{ij} > 0$。

2. 计算指标的熵值

运用下面的公式对熵值进行确定，计算第 j 项指标的熵值：

$$e_j = -k \sum_{i=1}^{n} p_{ij} \ln(p_{ij})$$

其中，k>0，e_j>0，若 x_{ij} 对于给定的值全部相等，那么 $p_{ij} = \dfrac{1}{n}$，此时 $e_j = k\ln n$。

3. 计算差异性系数

计算指标 x_j 的差异性系数时，对于给定的 j，若 x_{ij} 的差异越小，则 e_j 越大，当 x_{ij} 全都相等时，$e_j = e_{max} = 1$（$k = 1/\ln n$）差异越大，此时对于系统间的比较，指标 x_j 毫无作用；当 x_{ij} 差异越大，e_j 越小，则指标对于系统的比较作用越大。因此定义差异系数 $g_j = 1 - e_j$，g_j 越大，越应重视该项指标的作用。

4. 确定指标权数

在确定指标权数时需要取：

$$W_j^s = g_j \Big/ \sum_{i=1}^{m} g_j$$

为归一化了的权重系数。

其中，x_{ij} 为专家给每个评价指标的打分；j 为评价指标，i 为专家。利用之前的公式，得到指标的客观权重。

第五章
科技创新品牌竞争力评价流程设计

为了更好地进行科技创新品牌竞争力评价，在理论阐述和评价系统构建的工作完成之后，我们特意设计了科技创新品牌竞争力评价流程。本章首先介绍了科技创新品牌竞争力评价流程设计的原则和方法选择，其次说明了评价流程的数据收集和处理，再次阐述了评价结果输出的内容等，最后对评价系统进行了展望。

第一节　评价流程设计原则和方法选择

一、评价流程设计的原则

科技创新品牌竞争力评价系统的实施是对理论分析的应用，是将科学的理论和方法应用到系统的实践中。因此，科技创新品牌竞争力评价系统的实施步骤和流程具有很强的科学性和系统性，设计评价的实施流程应该遵循以下原则：

（一）经济性与社会性原则

科技创新品牌竞争力评价系统实施流程中的每一个步骤、环节的设计，都是以最终目的为导向，即得到评价对象的品牌竞争力结果，在对科技创新品牌竞争力评价结论的基础上制定改进的措施或策略。科技创新品牌竞争力评价系统实施流程在设计时应该考虑每一个步骤实施的障碍和难度，因为评价实施时的障碍和难度都会使评价实施的经济成本、技术成本增加。考虑到评价对象的广泛性和差异性、评价数据获得的困难程度，实施流程的设计应该尽可能具有普遍的适应性，操作难度适中、成本适中，且具有经济性。另外，科技创新品牌竞争力评价应该对科技创新发展起到一定的积极作用，在我国大力推进创新驱动战略的背景下，本次评价是为科技创新发展的阶段认识提供的理论成果，在遵循经济性原则的同时兼顾社会性原则。

（二）全面性与科学性原则

科技创新品牌竞争力评价系统的实施流程是对品牌竞争力评价系统进行全面、系统地应用规范，是评价实践的程序性指导。科技创新品牌竞争力评价的理论和实施方法具有内在的逻辑性，因此，评价的流程也应该具有完整的系统结构，成为一个有机整体。这一系统的结构设计必须要遵循科学性的原则，流程设计人员必须能够对科技创新品牌竞争力评价系统的定性定量指标的标准化公式、品牌竞争力分数的计算公式、科技创新品牌竞争力指数的合成公式了然于心，才能使编写出来的流程科学合理。

（三）操作性与监控性原则

科技创新品牌竞争力评价的实施流程设计的每一个步骤应该都具有可执行性，即每一个步骤都有具体的操作方法，并能顺利操作完成。同时，在评价操作的过程中，设计的流程在实施过程中应该处于可控状态。

（四）完备性与简明性原则

科技创新品牌竞争力评价实施流程所包含的操作步骤是一个有机的整体，因此，这一实施流程具有完备性，按照这一流程能够顺利完成对评价对象的品牌竞争力的评价过程。但是，完备的流程不等于烦琐、冗长的步骤，在能够完成指数评价过程、得到评价结果的前提下，科技创新品牌竞争力评价实施流程的步骤应该尽量少，使评价过程更加简洁明了。

（五）固定性与灵活性原则

科技创新品牌竞争力评价实施流程有其固定的、内在的逻辑性，因此，流程的设计应具有相对的稳定性，程序或步骤一般是不变的。但是，因为品牌竞争力的评价对象各异、评价时的情境不同，评价实施的流程也可能需要相应地做出调整，评价实施的流程也不能过于死板，应该具有可变、可调整的灵活性，即流程的设计需要体现出动态性。

二、评价流程方法选择

（一）层次分析法

本书将科技创新品牌竞争力所包含的因素划分为三个不同的层次，即总目标层、子目标层和指标层。其中，总目标层为科技创新品牌竞争力，子目标层包含评价品牌竞争力的四个方面，即有形资产、无形资产、质量以及创新，最底层为指标层，包含评价科技创新品牌竞争力的 11 个一级指标、30个二级指标，每个二级指标又有若干个三级指标。指标层与子目标层的隶属关系如表 5-1 所示。通过专家组打分确定判断矩阵，再运用层次分析软件，得出判断矩阵的各项重要参数。判断矩阵通过一致性检验后，在此基础上，判断矩阵的特征向量经过归一化后即为该判断矩阵中表示各指标关于判断矩阵目标层的相对重要性的权重，运用层次分析软件计算得出各指标权重。

表 5-1　科技创新品牌竞争力指标层

子目标层	一级指标	二级指标
有形资产	市场影响力	市场占有能力
		超值获利能力
	财务竞争力	融资效率
		投资经营效果
		现金管理
		成长能力

子目标层	一级指标	二级指标
有形资产	资源整合力	资金筹供能力
		原材料筹供能力
		品牌专项人力资源比例
无形资产	知识产权	专利权获得能力
		商标权影响力
	品牌文化	品牌知名度
		品牌美誉度
		品牌满意度
		品牌忠诚度
		品牌联想度
	企业社会责任	对利益相关者的责任
		对社区责任
质量	产品质量	质量管理能力
	服务能力	服务设计能力
		服务传递能力
创新	创新环境	教育环境
		信息环境
		政策环境
		知识产权保护力度
		创新载体与平台
	创新能力	劳动者素质
		资金投入
	创新绩效	结构优化
		知识产出

(二) 模糊综合评价法

模糊综合评价法有单因素和多层次两种评价方法,由于企业竞争力受多因素影响，本课题的企业竞争力评价采用多层次的模糊评价法。本课题的科技品牌竞争力评价指标体系共有 11 个一级指标，设 d_k（$k=1,2,\cdots,11$）为第 k 个一级指标的权重，用模糊评价法确定如下：对一级指标之间的相对重要性进行了专家调查，然后结合科技创新企业现阶段的发展特点，对于有形资产而言，首先将市场影响力、财务竞争力、资源整合力按 1，2，3 的顺序排列成一个矩阵 A，就会得到三个一级指标之间优越性二元对比矩阵 A。

矩阵 A 满足条件：若 d_k 比 d_l 优越，取 $e_{kl}=1$，$e_{lk}=0$；若 d_l 比 d_k 优越，取 $e_{kl}=0$，$e_{lk}=1$；若 d_k 与 d_l 同样优越，取 $e_{kl}=e_{lk}=0.5$。其中 k，l = 1，2，3。矩阵 A 通过一致性检验后，可以得出各一级指标对科技创新品牌竞争力的重要程度的排序，分为三个层级，重要度依次减弱。如以市场影响力为标准，将其他方面逐一与其进行对比，将每个指标的重要程度用非常重要、同样重要、比较重要等语气定义各指标优越性的程度。确定一级指标对于评价科技创新竞争力的重要性排序及对于科技创新竞争力重要性的隶属度值。对隶属度值进行归一化处理，即得到各一级指标的评价权重。其他子目标层同理得出一级指标的权重。

（三）综合指数评价法

对科技创新品牌竞争力评价采用的方法还包括综合指数评价法，首先，确定评价项目的权数，因为指标体系是多层次的，所以既要求一级指标的权数之和为 1，又要求各子系统内部各项目权数之和为 1。其次，计算各子系统的综合平均指数，对于正指标直接用其报告期与基准期对比，对于逆指标先求其倒数，再进行对比，算出"个体指标"，用确定好的权数对它们进行加权平均，得出子系统综合评价的平均指数。最后，对各子系统的平均指数进行加权平均，求出综合平均指数。在此基础上，可以建立反映企业竞争力的数学模型，综合平均指数与 1 的离差越大，说明不同企业的差异越明显，各企业能依据综合平均指数的大小进行企业间的比较，确定本企业在同行业中的地位。

三、评价实施流程的准备工作

科技创新品牌竞争力的评价结果要做到系统、科学、标准、合理，其评价的实施必须按一定的流程顺序进行。整个流程包括评价准备、数据收集与处理以及结果输出三个阶段。其中，评价准备阶段包括三个主要步骤：明确评价目的、成立专家委员会、汇集符合标准的企业名录。这个阶段是整个实施流程的起点，它要为后面的评价打下基础。

"科技创新品牌竞争力评价系统"评价的准备工作首先就是要明确评价的目的，即评价出的结果起什么作用，因为这关系到后面的流程和步骤。根据评价目的，评价主体要来确定评价客体和需要选择什么样的评价样本来实施评价。评价目的不同，所选用的具体流程可能不同、选用的评价模型也可能不同。只有目标明确，才有针对性，这是一般系统评价前的一项基础性工作。

根据科技创新品牌竞争力评价的目的，中国社会科学院工业经济研究所和江苏省科技创新协会联合成立了专家委员会来专门指导和实施本次品牌竞争力评价系统实施流程的推进工作。专家委员会作为本次品牌竞争力指数评价实施流程推进工作的评价主体，具有多方面的优势，为此次"指数"的成功实施打下了坚实的基础。

在确定了准备阶段的评价目的和评价主体之后，很重要的一点就是明确此次指数评价的客体，即有哪些区域、哪些园区、哪些企业能够参与到此次指数的评价之中来，也就是汇集符合要求的区域、园区和企业名录。这关系到后面流程操作的顺利进行。专家组在这个阶段会根据前面关于数据收集中选择企业的标准收集相关的企业名录，主要是一般的营利性企业组织，包括中小企业、上市公司、大型企业集团等，评价对象所处的行业一般为竞争性的非垄断行业和国有大中型企业。

第二节　数据收集与处理

数据收集与处理阶段是整个评价系统实施流程的第二步，包括三个主要步骤：原始数据收集、数据检验和计算以及数据处理。在评价准备工作完成、准备充分的基础上，就要根据评价对象和评价样本进行数据收集工作

了，为指标值的计算做准备，收集的原始数据是品牌竞争力评价指标值计算
的"原材料"。计算得到的指标值不能直接进行后面的竞争力指数计算，还
需要对评价样本的指标值进行数据分析和检验，进行数据的纠错和处理。经
过检验的指标值数据才能作为后面评价流程的计算基础。

一、基础数据收集

基础数据收集是指科技创新品牌竞争力评价系统的指标体系中每个指标
计算时涉及的原始数据或信息的收集工作。

（一）调查区域范围

（1）由于此次是针对江苏省的科技创新品牌竞争力评价，包括对企业、
对园区、对区域的品牌竞争力评价，所以需要对江苏省进行分区域考察。首
先，分区要遵照的就是按照行政区域划分，区域评价可以按照不同的地级市
或者将江苏划分为几个重要的区域进行考察，按照行政区域分区的优势在于
便于数据的统计，得出的结果能够以不同行政区域为单位进行对比，这使得
各地的政府部门、企业便于对评价结果进行比较借鉴。其次，就是要对江苏
省内所有的国家级、省级、市级以及其他的科技、产业等园区进行考察，形
成园区领域的科技创新竞争力评价结果。

（2）分区也要参照品牌集群。因为中国企业以及江苏省企业发展都在一
定程度上存在着集群现象，品牌的发展也是随着企业的发展逐步壮大起来
的。因此，品牌的发展也会存在一定的区域集聚现象，比如纺织企业集群、
电子互联网企业集群等。按照品牌集群分区便于对有代表性的样本进行数据
收集，而且收集的成本也会有所降低。

综合以上两点，本次调研将在江苏省范围内依照行政区域划分在南京、
苏州、无锡、常州、镇江等地区陆续展开，并且对科技、产业等园区以及部
分产业集群区域进行有针对性的调查。

（二）调查行业范围

根据国家统计局现行的《国民经济行业分类》（GB/T4754-2011）标

准，将本次品牌竞争力评价的调查行业划分为 20 个行业，如表 5-2 所示：

表 5-2 科技创新品牌竞争力评价系统行业划分

农、林、牧、渔业	采矿业	制造业
电力、热力、燃气及水的生产和供应业	建筑业	批发和零售业
交通运输、仓储和邮政业	住宿和餐饮业	信息传输、软件和信息技术服务业
金融业	房地产业	租赁和商务服务业
科学研究和技术服务业	水利、环境和公共设施管理业	居民服务、修理和其他服务业
教育	卫生和社会工作	文化、体育和娱乐业
公共管理、社会保障和社会组织	国际组织	

资料来源：国家统计局网站。

（三）调查企业选择标准

此次评价的一个重要方面是对科技创新企业的品牌竞争力进行评价，根据本书的指标体系，将选择符合有形资产、无形资产、质量和创新指标等标准的企业作为调查对象，具体如下：

（1）此次科技创新品牌评价系统编写的目的主要是为科技创新企业、园区品牌竞争力评价提供一定的理论基础，科技创新企业品牌应该是江苏省企业原创的，所以本次数据选择的范围主要是江苏省的自主企业品牌。

（2）被评估的品牌业务需要与科技创新领域有关，但也并不仅限于高科技企业，如传统行业的技术革新和进步也属于科技创新领域。根据具体指标选取的对象必须旗下有一个以上的产品品牌能够在一定的区域内为主流消费者所熟知，这样才能更好地反映企业品牌的整体实力和形象。

（3）由于考察多个维度，所以入选的企业在行业内的销售额排名必须要靠前，这样能够让课题组集中更多的精力把工作做好，也能够抓住江苏科技创新品牌界具有代表性的企业，对其进行整体有代表性的研究。

（4）入选企业需要具有充足的经第三方严格审计的公开财务信息。有些企业的业务未完全上市，其被评估的收入部分将只考虑经过上市公司公布的信息中所包含的那部分收入。

（5）品牌创造的经济增加值（EVA）必须为正，也就是说在考虑公司运营和财务成本的基础上，品牌化的业务还是盈利的。有些品牌虽然根据其公司报表计算的 EVA 为负，但是其品牌化收入部分（Brand Earnings）受财务成本和运营成本分摊的影响较小或者没有关系；品牌 EVA 仍为正数的情况下，课题组也会考虑这些品牌。

（四）数据收集范围

基础数据的收集包括两大块：其一是指数测算数据。指数测算数据为科技创新企业、园区硬性的财务指标，其必须唯一准确。其二是指数分析数据。指数分析数据为消费者和媒体对于该品牌的评价，专家学者对于该品牌的评价等方面的测评数据，并对这些数据视调查的情况进行加权汇总，对总体结果进行一定程度的修正。

在数据收集过程中，要及时对调查资料进行整理，建立科技创新品牌竞争力指数基础样本数据库；以后每年新的调查数据应持续纳入基础样本数据库。收集的数据包括以下五类：

（1）有形资产的数据，包括财务数据、销售数据。反映企业、园区、区域总体财务状况的指标数据，如资产总额、负债总额、净资产收益率、净利润总额、现金净流量、出口额、出口利润等；反映企业、园区经营状况的指标数据包括销售收入、销售量、销售区域等。

（2）无形资产的数据，主要是指反映企业、园区、区域知识产权状况的数据，包括专利拥有量、品牌专项人员数量、技术开发成果数量、新产品数量以及研发投入、研发人员的数据。

（3）创新环境的数据，即反映企业、园区、区域创新环境状况的数据，包括高等教育在学人数、高等学校数、教育经费、互联网用户数、国家级高新产业基地数量、省级以上高新区数量、重点实验室、研发机构数等。

（4）为品牌宣传和维护投入的力量。包括企业品牌保护的投入、企业在维护品牌的社会责任过程中的投入，以及在品牌管理方面的投入。

（5）社会对企业品牌的认可程度。包括社会公众，主要是社会主流的消费者对于企业品牌的认可程度；各个媒体对于品牌的认可程度；专家、学者、教授等研究群体对于品牌的看法。

（五）数据主要来源

为了避免重复和不必要的人力、物力消耗，把主要精力用到数据的整理和分析上，将指标分类并确定指标数据来源渠道是非常重要的。此次科技创新品牌竞争力评价的数据来源主要有以下五个方面。

1. 官方数据

对于江苏省区域、园区科技创新竞争力评价的部分，涉及江苏省各个市、地区以及园区的发展情况，需要收集有关政府部门如国家统计局、江苏省统计局、各地统计调查队以及园区管委会等掌握的区域、园区相应指标的统计公报和统计数据。

2. 企业年报数据

为了更好地对科技创新企业进行品牌竞争力评价，需要收集江苏省内所有科技创新企业相关指标的数据，上市公司的财务数据主要是通过公司年报等来取得，课题组将查找上市公司披露的年报、企业官方网站发布的数据等资料。

3. 实际调研资料的数据

调研采集的数据是第一手的研究资料，在调研过程中对科技创新园区、企业的发展情况进行考察的同时，以问卷形式请科技创新企业、园区管委会提供与评价指标相关的数据。消费者对于公司的评价主要是通过网络调查等来取得，公司内部的品牌管理人员、物力方面的投入等指标主要是通过对企业的问卷调查来取得，这样就可以简洁、明了、高效地进行数据的收集工作了。

4. 研究报告

数据的收集不仅要从官方和企业发布的渠道查找，还可以通过收集查找有些研究机构所做的科技创新报告与江苏省科技创新发展情况相关的研究报告，其他科技创新品牌竞争力排行榜中涉及的企业、园区、区域的数据等。

5. 网上收集的数据

除了政府网站、企业官方网站外，还可以从网上收集查找科技创新品牌竞争力相关指标的数据，用关键字检索、查找新闻报道及其他榜单等。

（六）数据的基本要求

1. 真实准确

课题组会对收集上来的数据进行随机抽样检查，对那些明显不符合实际情况的数据课题组会按照区域原则进行重点审核。问题重大的课题组会协同江苏省科技创新协会重新组织开展数据填写。

2. 保密原则

企业在填报数据时可能会有一些现实方面的顾虑。为了能够得到企业的积极配合，课题组郑重承诺，收集上来的数据仅作为科技创新品牌竞争力评价使用，不会对另外的机构泄露，以充分保证企业的权益。

3. 币种

采用人民币计算，外币币种一律按调查期间的汇率折算，并注明折算比率。

二、数据处理阶段

数据处理阶段主要是指把本次品牌竞争力评价中所要用到的指标按照不同的收集渠道进行分类，以便开展数据收集和汇总工作。

（一）基础数据处理

调查所得的原始数据不能直接用于指数的测算和分析，需要按数据的基本要求和分析的实际需要进行必要的处理。

1. 对残缺数据的处理

对个别由于各方面原因实在无法取得的数据进行相应的补充。本次评价系统设计的专家会根据同规模、同类型企业的情况进行相应的推测，有条件的地区对企业直接进行调查。另外，还可以根据企业公开的数据进行推测。

2. 对原始数据进行规范

在科技创新企业品牌竞争力调查表的填写过程中，对于选项理解有差异造成的填写不规范、数字的计量方式不统一等都是课题组在后期的数据处理过程中所要重点考虑的问题。在规范过程中应特别注意，调整要有准确的数据依据。课题组有权威的行业专家对数据的真实有效性进行专门的审查。对于明显不符合的数据课题组会进行重点的调查和改正工作，调查清楚问题产生的源头，确保类似的事情不会再次发生。

3. 对异常数据进行检验

因为样本数据的数量一般较多，指标值数据需要进行统计检验后方可作为后面评价的依据，统计检验主要是验证样本数据的信效度。信度主要是指测量结果的可靠性、一致性和稳定性，一般多以内部一致性来加以表示该测验信度的高低。信度系数越高，表示该测验的结果越一致、稳定与可靠。效度表示一项研究的真实性和准确性程度，又称真确性，它与研究的目标密切相关，一项研究所得结果必须符合其目标才是有效的，因而效度也就是达到目标的程度。

本次调研主要采用 SPSS 作为数据检验方法。品牌竞争力评价指标值的信效度检验，主要是看选取的指标能否准确、合理地反映评价对象的品牌竞争力特征和状况，指标体系是否有冗余或无效的指标，并进行优化和筛选。对于检验后有异常或数据不合格的指标，可以参照检验结果决定其取舍，但不宜唯检验结果论，因为财务指标数据有其独有的特征，应该结合品牌竞争力评价的理论分析决定是否删除有异常的指标。

三、数据标准化阶段

数据标准化阶段是整个评价实施流程的核心步骤之一。在科技创新品牌竞争力评价系统中，位于最底层的基础指数是由品牌竞争力评价指标按照特定的无量纲化方法转换而来的，这一子流程主要包括评价指标到基础指数名称的转换、基础指数数量的转换、基础指数值的计算三个步骤。

因为本次品牌竞争力的评价是采用指数的方法来进行评价的。在面对收集到的数据的格式差距很大时，比如销售收入和近三年销售收入增长率这类指标在评价起来就很难进行指数的比较，进行标准化很好地解决了这一矛盾。课题组对于定性指标采用了"阈值法"，对于定量指标采用了"统计法"来进行原始数据的标准化。

这样，专家组在得到的评价样本指标值的基础上，就可以按照科技创新品牌竞争力指数标准化的方法进行品牌竞争力基础指数的转换，得到的基础指数就可以继续计算模型评价所需的各级品牌竞争力指标数据了。

第三节　评价系统的结果输出

本节是进行评价的最后阶段，即模型选择及指数计算和结果输出。它包括评价模型选择、竞争力分值计算、各级指标计算三个步骤。

一、模型选择和结果输出

根据模型计算得到的科技创新品牌竞争力评价结果是对评价对象的品牌竞争力状况进行分析的依据，不同的评价模型其结果显示的方式也不同。本次科技创新品牌竞争力评价参考中国企业品牌竞争力指数计算模型（CBI），结合极值标准化方法得出品牌竞争力指数模型。

企业品牌竞争力分值（CBS）综合地反映了企业品牌竞争力在某一时点上的状态，采用的是绝对值的表现形式。单独一个绝对值并不能体现其与参照系的关系，也就无法简洁地反映出状况的好坏。为此，课题组需要采取指数的形式即一种相对值的形式反映其竞争状况。同时，为了适应使用习惯，指数被调整成百分制的形式，即指数的范围在 0~100。具体方法是将品牌竞争力的实际分值与理想分值进行对比，再乘以 100 进行调整，这样就形成了一个品牌竞争力指数模型。指数越高，说明品牌竞争力的健康状况越好；反之，健康状况越差。与品牌竞争力分值公式一样，品牌竞争力指数模型不仅适用于行业或区域的测评，同时也适用于单个企业测评。另外，除了品牌竞争力综合状况可以表述为指数外，品牌竞争力的各大指标也可以用指数表示，其作用是反映品牌竞争力各个侧面的状况。根据前面的理论基础与方法选择，本课题将所选择有代表性的若干个指标综合成一个指数，从而对品牌竞争力发展的状况做出综合评判。

二、数据归集

数据归集阶段是整个评价实施流程中比较特殊的一个步骤，它不同于其他流程是按顺序进行的，而是在其他流程实施的过程中"并行"的，在其他流程实施的过程中同时实施。因为科技创新品牌竞争力评价以定量评价为主，在评价进行的过程中会收集、产生、得到大量与评价有关的数据，如样本数据、指标数据、分值数据、模型数据等，这些数据在评价过程中必须随时保存下来才能为后面流程的实施服务。因此，在前面流程进行的过程中都有相应的数据库来收集这一流程收集或得到的大量数据。

数据归集阶段主要包括四个步骤：样本数据归集、指标值数据归集、分值数据归集、评价结果数据归集。这四个步骤分别建立了四个科技创新品牌竞争力评价的数据库：样本数据库、指标数据库、分值数据库、评价结果数据库。这四个数据库分别用于归集前面流程实施过程中收集或产生的大量评价数据。

第四节　对评价系统的展望

本次科技创新品牌竞争力指数评价系统是由中国社会科学院工业经济研究所和江苏省科技创新协会共同完成的。各级领导、专家学者与一些领域的社会人士都对此次竞争力评价寄予了厚望。科技创新品牌竞争力评价系统是基于中国品牌竞争力指数系统进行设计的，虽然取得了一定的成绩，但是仍然任重道远。未来科技创新品牌竞争力评价系统的发展完善是课题组必须未雨绸缪的要事。为此，课题组经过思索与自查，同时兼收并蓄、博采众长，综合了许多专家学者、政府官员和企业界人士的中肯建议后，为今后工作的重点与方向制订以下几点中长期计划：

一、不断完善评价指标体系

（一）指标体系的系统整合创新

由于这是首次对科技创新品牌竞争力的评价，对于科技创新领域包含哪些企业、覆盖区域进行了界定，理论基础、经验方法和对实际状况的把握都存在一定的不足，因此，无论是指标体系的制定还是评价结果都有继续提升的空间。此次科技创新品牌竞争力的评价指标中，已有 11 个一级指标、30 个二级指标、89 个三级指标。在调研过程中以及不断丰富的实践活动将带给课题组更多、更翔实的一手资料和数据。据此，课题组能够更加明确所有的二级、三级指标之间的独立性和关联度关系，从而更全面、深刻地认识相关因子间的量化关系，据此来不断调整课题组的指数指标合成算法和相关因子的权重选择，最终修改完善整套指数模型。

同时，要大力研究、发展、推广课题组提出的科技创新品牌竞争力系统。科技创新企业品牌竞争力整体指数系统、科技创新园区品牌竞争力评价系统、科技创新区域品牌竞争力评价系统这三个系统并驾齐驱及相互支持，形成一套完整有效的科技创新品牌竞争力评价系统，更好地为江苏省乃至全国相关的主体服务。最终，达到使整套指数体系更具有科学性和本土性的效果。

（二）指标体系富于动态性、开放性、指导性

1. 动态性

不断缩短科技创新品牌竞争力评价发布的时间间隔，能够更加敏感地发现科技创新品牌的细微变化，增强评价结果的时效性。科技创新品牌竞争力评价系统的年度报告、季度报告以及相关的不定期的区域、行业品牌竞争力评价报告能够有效地缩小检测的时间段，并从不同的角度深入透析科技创新品牌竞争力发展状况，达到一种动态的平衡性和覆盖性。

2. 开放性

加强与国内的科研院所、权威机构合作，也可以加大与国际上权威品牌评审机构的合作，交流经验，共同打造科技创新品牌竞争力排行榜，彼此之间形成一个互相认证的系统，为全国的科技创新企业和拓展国际业务的来华企业提供可参考的信息。同时，吸引外资企业来中国投资，进一步了解中国企业的科技创新品牌竞争力状况，为推动企业和地区科技创新作出贡献。

3. 指导性

通过向企业介绍科技创新品牌竞争力评价系统设计的原理以及使用指南，来指导帮助企业规范合理并极具创新性地进行品牌竞争力建设。科技创新品牌竞争力评价指标的确定过程、数据收集过程、测算过程和最终发布的科技创新品牌竞争力排行榜，都能够非常有效地对科技创新领域的各个企业的品牌建设发挥诊断、检测、完善的作用，从而具体详细地指导企业进行持续创新，不断向纵深发展。

二、进一步细化评价对象

（一）强化区域评比

尽管同为开发区，享受国家给予的税收等优惠待遇，都拥有较大的发展空间和发展潜力，但是由于管理模式等因素，发展状况却各不相同，区域整体的品牌竞争力也有较大差异。对各级开发区的发展状况进行统计评比，能够有效探究这些开发区的竞争力发展状况，给社会各界提供有效的资讯，并提高开发区的发展水平和效率。推动开发区管理的各级部门，尤其是地方政府，将开发区的区域品牌同开发区内的企业品牌联合起来，形成一个共同体，推进整个区域的发展。

此次调研在江苏省范围内以行政区域划分为基础，同时考虑到各园区和产业集群区域的重要性来展开。有很多特色区域没有涵盖到，特别是对一些有特色的经济区域、"千强镇"、中小企业这样以前在各种评价报告中不被特殊说明、没有受到足够重视的经济群体。今后的工作中会逐步深入调查，以期获得更真实、更全面的数据。

（二）扩大科技创新品牌竞争力评价系统的行业覆盖面

由于科技创新品牌竞争力评价系统付诸实践的时日尚短，所以在运营初期，评价系统所覆盖的行业是有限的，主要集中于制造业、新材料、机械设备等领域，而企业所涉及的行业千差万别，每个行业都有自己不同的特点，为了能够全面而详细地了解科技创新企业的品牌竞争力情况，就必须不断扩大在行业上的覆盖面。

扩大行业覆盖面的主要方法是通过加盟的形式，在各地普遍建立科技创新品牌竞争力评价工作办公室，进行科技创新品牌发展调研，不断增加新的行业，从而形成一个相对全面的科技创新品牌竞争力状况。

三、关注重点科技创新型企业

（一）高新技术企业

近年来，我国实施创新驱动发展，新型显示、航空航天、生物医药、智能网联汽车等战略性新兴产业得到了较快发展，为转变发展方式、优化经济结构、转换增长动力奠定了坚实基础。很多地区推出支持高新技术企业发展的政策。这些发展战略性新兴产业的企业往往是科技创新的重点领域，能够代表先进技术发展的方向，也是能够打造品牌竞争力的企业，但这些企业的发展需要经历一段时间才能产生较大的经济和社会效益，因此未来对科技创新企业竞争力进行评价应该较多地着眼于高端装备制造、生物医药、新材料、新能源、新一代信息技术、智能制造等高精尖行业，重点关注这些领域的科技创新企业的品牌竞争力。

（二）互联网企业、平台型企业

在以电子计算机和互联网为核心的现代高新技术大规模发展的时代，互联网、平台模式已经深入人们的生活，出现在包括社交网络、电商、游戏、第三方支付等各种产业中，平台模式正不断改变着人们的生活方式，也在商业竞争中扮演着重要角色。在互联网的驱动下，21 世纪将是历史上通过平台战略全面普及人类商业行为的分水岭。因为互联网为平台概念的产生提供了前所未有的契机。像百度、阿里巴巴、腾讯、搜狐、网易以及知乎、滴滴等，通常提供免费的基础服务，搭建一个信息的生产、浏览、互动的平台，以增值服务和广告为营收点，这些企业称为平台型企业。这些互联网企业发展迅猛，有些已成为世界上知名的公司，品牌竞争力很强，未来对科技创新品牌竞争力的评价应对这类企业重点加以关注。

（三）中小企业

根据国家统计局的标准，在中国，以工业为例，职工人数 1000 人以下，或营业收入在 4 亿元以下的企业被划为中小企业。据统计，中国中小企业的总数占全国企业总数的 99.8%。虽然很多小企业以单一的身份出现，其品牌竞争力显得单薄，但是与许多国有大中型企业比较，其以产业集群的形式出现，竞争力惊人。

集群品牌竞争力是中小企业所创造的独特竞争优势，是群内企业可共同享有的无形财富，对群外企业有着强大的吸引力，为群内企业创造了更广阔的需求空间。企业品牌竞争力和集群品牌竞争力是相互联系、不可分割的，集群品牌竞争力由群内企业的品牌竞争力和知名度决定，而集群品牌竞争力又会反作用于群内企业的品牌竞争力。鉴于中小企业的这种特殊品牌竞争力的形式——产业集群，科技创新品牌竞争力评价系统中要引入科技创新中小企业集群评比指数，将科技创新中小企业产业集群进行比较分析，得出有效、科学的分析报告，给社会各界提供可靠的信息资源和研究参考。

应用篇

第六章
江苏创新型上市企业品牌
竞争力指数报告

　　江苏省是经济大省，在我国的省际经济总量排名中长期位居前三甲。总结和发现江苏经济发展的经验，不仅有助于江苏经济的持续发展，对其他兄弟省份也有重要的借鉴价值。

　　回顾江苏经济发展、转型升级的轨迹可以发现，江苏经济，特别是苏南经济之所以能够长期处于全国领先地位，主要在于江苏在每个发展阶段都能够很好地抓住发展机遇，形成发展优势。自2008年全球金融危机以来，传统的依靠投资、需求、出口这"三驾马车"拉动经济发展的道路已经没有出路了。面对新的形势，江苏经济必须寻求新的发展动力，创造新的竞争优势。一方面，这就要坚定地走创新驱动发展之路，抓紧创建"创新型省份"；另一方面，要积极实施"知识产权战略"，提升江苏产品的品牌价值。为此，本课题组对江苏省创新型企业的创新能力和品牌竞争力进行了分析。考虑到数据的可获得性，课题组选取了江苏省的上市企业着重进行分析。首先，本课题组通过在相关网站上搜索2016年江苏省上市公司名录，共有364家；其次，获取了这364家上市公司的年报，并通过以下四项条件对这些企业进行筛选，以确定其中的创新型企业，从而展开进一步的对比分析。这四项条件包括：一是自主创新能力强，研发经费占销售收入比重达3.5%以上，研发人员占从业人员比例达18%以上；二是企业经济效益好；三是行业影响力大，被江苏省或者国家列为高新技术企业；四是创新管理水平高。通过上述条件的筛选，共统计出241家上市企业作为重点分析对象。

第一节　江苏省创新型上市企业
品牌竞争力总报告

一、2016 年度江苏省创新型上市企业总体竞争态势

　　2016 年，江苏省上市企业共有 364 家。通过一系列条件的筛选，最终选定 241 家上市企业作为研究对象。这 241 家上市企业提供的年报显示，2016 年，这 241 家企业的营业总额为 11965.06 亿元。按照苏北地区、苏中地区、苏南地区划分，2015 年，这些创新型上市企业的营业总额分别为 1325.18 亿元、1134.58 亿元、5297.84 亿元；2016 年，则分别为 1436.79 亿元、1603.89 亿元、8924.38 亿元，占营业总额的比重分别为 12.01%、13.40%、74.59%（如图 6-1 所示），同比分别增长 8.4%、41.36%、12.37%。其中，苏南地区营业收入占江苏省的营业总额高达近 75%，占据绝对优势。

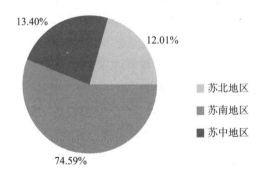

图 6-1　2016 年江苏省上市企业区域竞争态势

　　根据这 241 家上市公司年报所显示的营业收入和净利润等数据进行排序，得出江苏创新型上市企业竞争力呈现以下的总体竞争态势（如图 6-2、图 6-3 所示）。其中，收入排名前四的城市分别为南京市、苏州市、无锡市、南通市，其上市公司的营业总额分别为 3227.76 亿元、2086.69 亿元、1680 亿元、1201.3 亿元。

图 6-2　2016 年江苏省创新型上市企业各市营业收入额（单位：亿元）

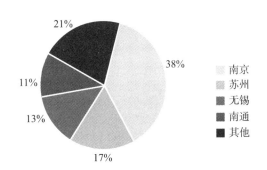

图 6-3　2016 年江苏省创新型上市企业各市竞争态势

　　2016 年，江苏省创新型上市企业的净利润总额为 1450 亿元。苏北地区、苏中地区、苏南地区创新型上市企业净利润总额分别为 159.77 亿元、142.31 亿元、1148.32 亿元（见图 6-4），占净利润总额的比重分别为

11.02%、9.79%、79.19%。其中，苏南地区占净利润总额的近 80%。2015
年，上述三个地区创新型上市企业的净利润总额分别为 141.4 亿元、102.29
亿元、1042.51 亿元，同比分别增长 12.99%、39.12%、10.15%。

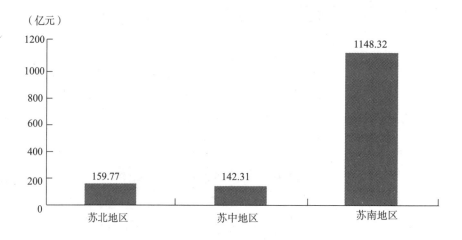

图 6-4　2016 年江苏省创新型上市企业净利润区域分布

　　由上述可见，江苏省创新型上市企业主要集中在苏南地区，这是江苏经
济的一个显著特点。从城市分布来看，南京作为江苏省的省会，其创新型上
市企业的利润也是位居榜首。同时，苏州、无锡、常州等地政府对创新型上
市企业也普遍采取积极的政策，这在很大程度上促进了当地经济和上市公司
的发展。当然，对发展相对落后的苏北地区，江苏省政府在省级层面加大了
扶持力度，如江苏省大数据联盟在盐城成立，这对拉动当地大数据产业的发
展，提升苏北地区发展潜力的作用是巨大的。

二、2016 年度江苏省创新型上市企业品牌竞争力总体评述

　　（一）宏观竞争格局：苏南地区绝对主导，各市发展极不均衡

　　从 2016 年江苏省创新型上市企业数量上来看，符合本次调研标准的共计
241 家。按照苏北地区、苏中地区、苏南地区划分，各地区所占的比重分别为

8.7%、17.03%、74.27%，与2015年相比企业增加幅度不大。苏南地区集中了近75%的创新型上市公司，表明其在江苏省创新型上市企业中占主导地位。2016年，创新型上市公司数量排名前三的苏州市、无锡市和南京市三市所占比重达到了62%，且都处于苏南地区。排名前四的苏州市、无锡市、南京市、南通市的创新型上市企业占到江苏省创新型上市企业总数的72.61%，所占比重分别为29.46%、17.84%、14.52%、10.79%。与2015年相比，创新型上市企业的数量变化幅度不大。由此可见，江苏省目前创新型上市企业分布相对集中，南北呈现明显的不平衡状态。这与江苏省发展历史是分不开的。

从江苏省创新型上市企业的品牌竞争力水平来看，2016年，苏南地区、苏中地区、苏北地区三大区域的CBI均值分别为61.52、47.81、40.29，创新型上市企业CBI的均值是58.14。与2015年相比，三大区域创新型上市企业CBI值有所上升，但是变化幅度不是很大。苏南地区在营业收入、净利润等方面仍然稳居第一，所涉及的领域主要是制造业、材料、新一代信息技术等。相对而言，苏北地区的这些领域发展相对较为缓慢，企业发展处于竞争劣势，在未来相当长时间内需要从省政府扶持、自身创新及龙头企业带动等多方面入手来实现自身的发展。

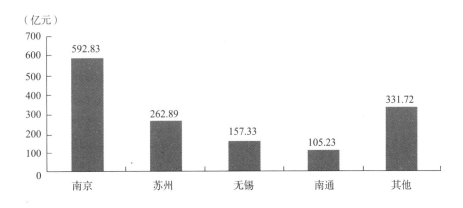

图6-5　江苏省创新型上市企业净利润各市分布

（二）中观竞争态势：三大领域企业仍旧领跑行业，中游企业发展势均力敌但与领先企业仍有差距

根据江苏省创新型上市企业品牌竞争力分级标准，对调查的241家企业进行分级评估，其中在这些企业的评分中获得较高分数的企业主要行业是机器设备类、化工新材料类、新一代信息技术。这些领域企业的品牌得分较为突出，在行业中遥遥领先。机器设备类企业包括南钢股份、国电南瑞、胜利精密、小天鹅、奥特佳、中利集团、国轩高科等；化工新材料包括中材科技；新一代信息技术包括亨通光电、中天科技、长电科技、太极实业等。这三个领域的企业营业收入、净利润的表现均高于其他企业。当然，中下游企业虽然与领先企业差距较大，但其发展劲头十足，如果能够不断改进品牌竞争力，整体会出现一定程度的提升。

（三）微观竞争比较：财务指标、市场指数均趋于稳定

对企业来说，财务表现仍然是企业向外展示基本实力的重要依据。目前，江苏省创新型上市企业不断增多，创新型上市企业的营业收入、净利润都保持了良好的增长态势。从规模竞争、效率竞争和创新竞争三个阶段来分析企业竞争力，江苏省创新型上市企业发展在区域分布上还是不均衡的，竞争力强的龙头企业大部分聚集在苏南地区。在241家企业中，2016年，营业收入排名前十的企业分别是南钢股份、中天科技、亨通光电、长电科技、小天鹅、胜利精密、国电南瑞、中利集团、太极实业、中材科技。和2015年相比，前十名企业没有太大变化，体现了领先企业在财务表现上有着一定的稳定性因素。

目前，就江苏省内创新型上市企业而言，新一代信息技术领域的企业表现尤为良好，如"中天科技"这样的信息化企业的市场指数是在均值之上的。但是，很多传统型企业虽然营业收入可观，但是成本也较高，市场表现力也不好。随着江苏省经济不断发展，创新型上市企业数量在逐年增加，市场竞争也更加激烈。2016年，241家江苏省创新型上市企业市场竞争表现力得分均值为4.231，与2015年相比基本没有明显变化，说明创新型企业市场竞争表现力基本稳定。

第二节　江苏省创新型上市企业品牌竞争力报告

一、2016 年度江苏省创新型上市企业品牌竞争力指数

企业品牌竞争力分值（CBS）综合反映了企业品牌竞争力在某一时点上的状态，采用的是绝对值的表现形式。然而，单独一个绝对值并不能体现其与参照系的关系，也就无法简洁地反映出状况的好坏。为此，课题组需要采取指数的形式，即一种相对值的形式反映其竞争状况。同时，为了适应使用习惯，指数被调整成百分制的形式，即指数的范围是 0~100。具体方法是将品牌竞争力的实际分值与理想分值进行对比，再乘以 100 进行调整，这样就形成了一个品牌竞争力指数模型。其意义是：某一品牌竞争力相对于理想状态而言的位置如何。指数越高，说明品牌竞争力的健康状况越好；反之，健康状况越差。与品牌竞争力分值公式一样，品牌竞争力指数模型不仅适用于行业或区域的测评，同时也适用于单个企业测评。另外，除品牌竞争力综合状况可以表述为指数外，品牌竞争力的各大指标也可以用指数表示，其作用是反映品牌竞争力各个侧面的状况。根据前面的理论基础与方法选择，本章将所选择的有代表性的若干个指标综合成一个指数，从而对品牌竞争力发展的状况做出综合评判。结合极值标准化方法得出品牌竞争力指数模型的核心公式为：

$$CBI = \frac{CBS - CBS_{min}}{CBS_{max} - CBS_{min}} \times 100$$

式中：

CBI 表示品牌竞争力指数，

CBS 表示品牌竞争力分值，

CBS_{min} 表示品牌竞争力最小分值，

CBS_{max} 表示品牌竞争力最大分值。

将品牌竞争力指数核心公式展开为：

$$CBI = \frac{W_1 CBI_F + W_2 CBI_M + W_3 CBI_P + W_4 CBI_C - CBS_{min}}{CBS_{max} - CBS_{min}} \times 100$$

式中：CBI 表示企业品牌竞争力指数，

CBI_F 表示一级指标品牌财务表现的总分值，

CBI_M 表示一级指标品牌市场表现的总分值，

CBI_P 表示一级指标品牌发展潜力的总分值，

CBI_C 表示一级指标品牌客户支持的总分值，

CBS_{min} 表示品牌竞争力最小分值，

CBS_{max} 表示品牌竞争力最大分值，

W_x 表示第 x 个指标的权重。

按照该计算公式，根据 2016 年江苏省 241 家创新型上市公司年报数据，2016 年江苏省品牌竞争力排名前 50 的创新型上市企业如表 6-1 所示。

表 6-1　江苏省创新型上市企业排名前 50 强

序号	企业名称	所属地市	所属行业
1	国电南瑞	南京	机械设备
2	恒瑞医药	连云港	医药生物
3	徐工机械	徐州	机械设备
4	长电科技	无锡	电子
5	中天科技	南通	信息设备
6	亨通光电	苏州	信息设备
7	法尔胜	无锡	机械设备
8	南京熊猫	南京	信息设备
9	苏交科	南京	建筑材料
10	联发股份	南通	纺织服装
11	康缘药业	连云港	医药生物
12	亚星锚链	泰州	国防军工
13	莱克电气	苏州	家用电器

续表

序号	企业名称	所属地市	所属行业
14	威孚高科	无锡	交运设备
15	康尼机电	南京	交运设备
16	双良节能	无锡	机械设备
17	林洋能源	南通	机械设备
18	扬农化工	扬州	化学制品
19	埃斯顿	南京	机械设备
20	星宇股份	常州	交运设备
21	苏大维格	苏州	电子
22	通鼎互联	苏州	通信设备
23	鱼跃医疗	镇江	医药生物
24	力星股份	南通	机械设备
25	中电环保	南京	公共事业
26	江南嘉捷	苏州	机械设备
27	云海金属	南京	有色金属
28	宝胜股份	扬州	机械设备
29	红宝丽	南京	化工
30	江苏神通	南通	机械设备
31	天奇股份	无锡	机械设备
32	科远股份	南京	信息服务
33	康得新	苏州	化工
34	秀强股份	宿迁	家用电器
35	亚玛顿	常州	建筑材料
36	红太阳	南京	化工
37	润和软件	南京	信息服务

续表

序号	企业名称	所属地市	所属行业
38	云意电气	徐州	交运设备
39	苏常柴 A	常州	机械设备
40	大亚圣象	镇江	轻工制造
41	中材科技	南京	化工
42	中科新材	苏州	家用电器
43	天泽信息	南京	信息服务
44	东山精密	苏州	电子制造
45	井神股份	淮安	化工
46	苏州科达	苏州	信息设备
47	多伦科技	南京	信息服务
48	路通视信	无锡	信息服务
49	永鼎股份	苏州	信息设备
50	南通锻压	南通	信息设备

2016 年，江苏省创新型上市公司的 CBI 指数平均为 58.14。相对于 2015 年，略有提升，但总体变化不大，说明江苏省创新型上市企业发展比较稳定，符合企业可持续性发展的要求。在表 6-1 中，CBI 指数最高的为南京的国电南瑞，CBI 指数高达 96.988。

在行业分布上，排名前 50 的江苏省创新型上市企业涉及范围比较广，最多的是机械设备行业，达到 12 家，占总体的 24%；其次是信息设备行业，有 6 家，占总体的 12%；再次是信息服务行业和化工行业，各占 5 家，分别占总体的 10%。与 2015 年相比，老牌的机械行业和化工行业占比有所下降，而新兴的信息设备和信息服务行业占比大幅度提升。

二、江苏省最具品牌竞争力的创新型上市企业

在对江苏省排名前 50 的创新型上市企业进行分析之后，我们重点对

排名前 10 的创新型上市公司进行了分析（见表 6-2）。这些企业分别是：国电南瑞、恒瑞医药、徐工机械、长电科技、中天科技、亨通光电、法尔胜、南京熊猫、苏交科和联发股份。其中，品牌竞争力指数最高的是国电南瑞，CBI 指数达到 96.988，较上年稳步增长，而长电科技、中天科技、亨通光电较 2015 年排名有较大幅度上升，联发股份和法尔胜相对于 2015 年有小幅度下降。

从行业划分上来看，排名前 10 的江苏省创新型上市公司，有 3 家属于机械设备行业，5 家属于信息设备行业，医药行业和建筑行业各占 1 家，占比分别为 30%、50%、10% 和 10%。相比 2015 年，机械设备行业少了 1 家，信息设备行业多了 2 家。由此可见，老牌的机械设备行业在江苏发展虽然依旧稳定，但是信息设备行业取而代之，成为江苏省创新型上市公司发展的中流砥柱和新生力量。

从地域上来划分，排名前 10 的江苏省创新型上市企业，南京有 3 家，无锡 2 家，苏州 1 家，南通 2 家，连云港 1 家，徐州 1 家。苏南占 6 家，苏中、苏北各 2 家，由此可见，江苏省创新型上市公司的主力军还是在苏南，尤其南京作为省会城市，更是发挥着"领头羊"的作用。

表 6-2　江苏省创新型上市企业排名前 10

序号	企业名称	所属地市	所属行业	行业 CBI 指数
1	国电南瑞	南京	机械设备	96.988
2	恒瑞医药	连云港	医药生物	94.234
3	徐工机械	徐州	机械设备	92.321
4	长电科技	无锡	信息设备	90.862
5	中天科技	南通	信息设备	88.234
6	亨通光电	苏州	信息设备	83.789
7	法尔胜	无锡	机械设备	80.932
8	南京熊猫	南京	信息设备	77.452
9	苏交科	南京	建筑材料	76.241
10	联发股份	南通	纺织服装	75.245

第三节　2016年度江苏省创新型企业品牌竞争力区域报告

一、江苏省三大经济分区

（一）创新型上市企业总体情况分析

从这241家创新型上市企业的数据来看，在与2015年数据对比的基础上，可以得出2016年整体数值略微高于2015年，江苏省创新型上市企业仍旧主要分布在苏中地区和苏南地区，苏北地区、苏中地区、苏南地区占创新型企业总数的比重分别为8.7%、17.03%、74.27%（见图6-6），与2015年相比企业增加幅度不大，集中度比较高，仅苏南地区上市企业占比接近75%。2016年苏南地区、苏中地区、苏北地区三大区域的CBI均值分别为61.52、47.81、40.29（见图6-7），上市企业的CBI均值是58.14. 与2015年相比，三大区域创新型上市企业的CBI值有所上升，但是变化幅度不是很大。苏南地区在营业收入、净利润等方面仍然稳居第一，由于调查样本较少，其在CBI值、品牌财务表现力及市场竞争表现力上均列行业第一。苏中、苏北地区的CBI值接近全国均值，但是也有后起之秀如徐州的徐工集

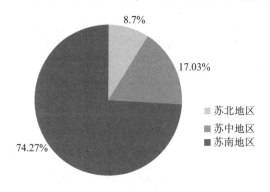

图6-6　上市企业区域分布

团，综合实力和市场竞争力均高于大多数企业，而大多数苏北的企业仍需要努力，还有很大的提升空间。

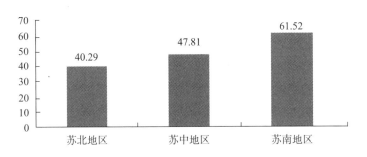

图6-7 上市企业三大经济区域 CBI 均值对比

（二）各区域分项情况分析

在各个分项竞争力指标对比方面，品牌财务表现力与2015年相比，整体上前10名企业没有什么变化，这体现了领先企业在财务表现上有着一定的稳定性因素。企业的市场竞争表现力差强人意，但波动幅度不大，整体来看市场表现力趋于稳定。2016年在江苏省百强创新型上市企业中，苏南、苏中、苏北地区分别有71家、18家和11家企业上榜，与2015年相比，苏南地区增加，而苏中、苏北地区相对稳定。表6-3中前50强CBI排名企业中，苏南、苏中、苏北地区分别有32家、10家、8家上榜。

表6-3 创新型上市企业地区 CBI 排名

序号	企业名称	所属行业
苏南地区		
1	国电南瑞	机械行业
2	南京熊猫	信息行业
3	苏交科	建筑行业
4	康尼机电	交运设备
5	埃斯顿	机械设备

续表

序号	企业名称	所属行业
6	中电环保	公共事业
7	云海金属	有色金属
8	科远股份	信息行业
9	红太阳	化工行业
10	润和软件	信息行业
11	中材科技	化工行业
12	多伦科技	信息行业
13	红宝丽	化工行业
14	天泽信息	信息行业
15	亨通光电	信息行业
16	莱克电气	家用电器
17	苏大维格	信息行业
18	通鼎互联	信息行业
19	江南嘉捷	机械设备
20	康得新	化工行业
21	中科新材	家用电器
22	东山精密	信息行业
23	苏州科达	信息行业
24	永鼎股份	信息行业
25	路通视信	信息行业
26	天奇股份	机械设备
27	法尔胜	机械设备
28	威孚高科	交运设备
29	双良节能	机械设备
30	亚玛顿	建筑材料
31	苏常柴 A	机械设备
32	星宇股份	交运设备

序号	企业名称	所属行业
苏中地区		
1	中天科技	信息行业
2	联发股份	纺织服装
3	亚星锚链	国防军工
4	林洋能源	机械设备
5	鱼跃医疗	医药生物
6	宝胜股份	机械设备
7	江苏神通	机械设备
8	大亚圣象	轻工制造
9	南通锻压	信息行业
10	扬农化工	化学制品
苏北地区		
1	徐工机械	机械设备
2	恒瑞医药	医药生物
3	康缘药业	医药生物
4	秀强股份	家用电器
5	云意电气	交运设备
6	井神股份	化工行业
7	石英股份	化工行业
8	日出东方	家电行业

二、江苏省重点市创新型企业品牌竞争力分析

(一) 总体情况分析

根据课题组调研收集的数据，江苏省创新型企业主要集中在苏南和苏中

地区, 其中, 大多数企业位于南京市、苏州市、无锡市和南通市。2016 年苏州市、无锡市、南京市、南通市的上市企业占到江苏省上市企业总数的 72.61%, 所占比重分别为 29.46%、17.84%、14.52%、10.79%, 苏州市、无锡市和南京市三市所占比重达到了 62%, 都是处于苏南地区。与 2015 年相比, 上市企业的数量变化幅度亦不大。由此可见, 江苏省目前创新型上市企业分布相对较为集中, 呈现南北不平衡状态。其中, 四大市 CBI 均值高于行业平均水平, 显示出较高的品牌竞争力。在创新型上市企业 CBI 排名的企业前 50 强中, 南京市就有 14 家企业上榜, 占到 28%, 但是也有相当一部分企业 CBI 均值低于行业平均水平 (见图 6-8)。苏北地区的部分市没有企业进入前 50 强, 这显示了其竞争力不足, 有很大的提升空间。另外, 江苏省上市企业数量众多, 各个企业发展水平却参差不齐, 苏南地区 CBI 均值高于行业均值, 而苏中、苏北地区 CBI 均值低于行业均值, 这也说明江苏省内创新型上市企业在区域分布上两极分化情况较为严重。

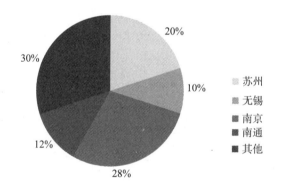

苏州
无锡
南京
南通
其他

图 6-8　江苏省创新型上市企业 CBI 指数的市级分布

(二) 分项情况分析

在品牌财务竞争力和市场竞争表现力方面, 与 2015 年相比发生了一定的变化, 品牌财务竞争力出现了一定幅度的增长, 市场竞争表现力趋于稳定。部分企业市场竞争表现力得分高于财务竞争力, 这说明企业财务表现已经略显疲态, 部分企业已经不再处于规模发展的阶段, 而企业的市场竞争表现力趋于平稳。苏州、无锡、南京的财务竞争力、市场竞争表现力等分级指标仍高于行业均值，这显示了企业拥有较强的品牌竞争力。其中南京作为江苏省省会，其财务竞争力、市场竞争表现力等分级指标处于行业第一的位置，这显示了南京市创新型企业整体拥有较强的品牌竞争力。综合来看，部分城市各项指标均值表现欠佳，这一方面是由于地区经济发展的不平衡，另一方面是由于各个企业发展不均衡，各项指标差异过大。

表 6-4　创新型上市企业市级 CBI 排名

序号	企业名称	所属行业
南京		
1	国电南瑞	机械行业
2	南京熊猫	信息行业
3	苏交科	建筑行业
4	康尼机电	交运设备
5	埃斯顿	机械设备
6	中电环保	公共事业
7	云海金属	有色金属
8	科远股份	信息行业
9	红太阳	化工行业
10	润和软件	信息行业
11	中材科技	化工行业
12	多伦科技	信息行业
13	红宝丽	化工行业
14	天泽信息	信息行业
苏州		
1	亨通光电	信息行业
2	莱克电气	家用电器
3	苏大维格	信息行业
4	通鼎互联	信息行业
5	江南嘉捷	机械设备
6	康得新	化工行业

续表

序号	企业名称	所属行业
7	中科新材	家用电器
8	东山精密	信息行业
9	苏州科达	信息行业
10	永鼎股份	信息行业
无锡		
1	路通视信	信息行业
2	天奇股份	机械设备
3	法尔胜	机械设备
4	威孚高科	交运设备
5	双良节能	机械设备
南通		
1	中天科技	信息行业
2	联发股份	纺织服装
3	江苏神通	机械设备
4	林洋能源	机械设备
5	鱼跃医疗	医药生物
6	南通锻压	信息行业

第四节　2016年度江苏省创新型上市企业品牌竞争力分项报告

一、品牌财务竞争力

目前，国内企业经营者对于现代化管理手段的理解与实践，多半仍停留在以财务数据为主导的思维里。虽然财务数据无法帮助经营者充分掌握企业的发展方向，但在企业实际运营过程中，财务表现仍然是企业对外展示其基本实力的重要依据。品牌财务竞争力层面的分析将财务指标分为融资效率、投资经营效果、现金管理、成长能力4个二级指标。融资效率主要由资产负债率、流动比率等2个三级指标来衡量；投资经营效果主要由净资产负债率、总资产贡献率、营运资金占收比3个三级指标来衡量；现金管理主要由销售现金比率、资产现金回收率、自由现金流占收比3个三级指标来衡量；成长能力主要由总资产增长率、营业收入增长率、净利润增长率3个三级指标来衡量。从4个二级指标看，通过专家的指标打分，融资效率占30%，现金能力占30%，投资经营效果占20%，成长能力占20%。其余各二级指标下的三级指标划分都是均等的。

由于近几年江苏省科技创新型企业发展态势较好，市场潜力不断被挖掘，使得江苏省科技创新型企业近年来在营业收入、净利润方面都保持了良好的增长态势。通过整理241家创新型上市企业的财务竞争力指数的具体数据，最后通过专家审核打分选定10家综合指标都靠前的企业作为代表分析，如表6-5、图6-9所示。

表6-5　创新型上市企业品牌财务竞争力指数

序号	企业名称	所属地市	所属行业	行业 CBI 指数	品牌财务表现力
1	国电南瑞	南京	机械设备	96.988	5.0038
2	恒瑞医药	连云港	医药生物	94.234	4.8773
3	徐工机械	徐州	机械设备	92.321	4.3346
4	长电科技	无锡	信息设备	90.862	4.2313
5	中天科技	南通	信息设备	88.234	4.0023
6	亨通光电	苏州	信息设备	83.789	3.8921
7	法尔胜	无锡	机械设备	80.932	3.5432
8	南京熊猫	南京	信息设备	77.452	3.4200
9	苏交科	南京	建筑材料	76.241	3.1320
10	联发股份	南通	纺织服装	75.245	3.0982

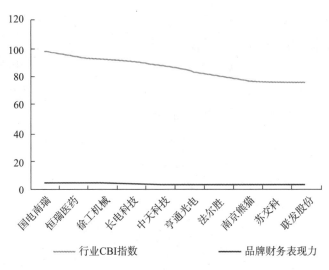

图 6-9　江苏省创新型上市企业品牌竞争力前 10 名

二、市场竞争表现力

随着高科技行业持续、快速发展，市场竞争也更加激烈。企业只有具备更强的市场竞争力才能在行业环境中生存下去。市场竞争表现力层面的分析将指标分为市场占有能力和超值获利能力 2 个二级指标。市场占有能力主要由市场占有率、市场覆盖率、新产品市场渗透率、品牌产品销售量、品牌产品出口增长率、品牌产品出口利润率 6 个三级指标衡量；超值获利能力主要由品牌溢价率、品牌资产报酬率、品牌销售利润率 3 个三级指标衡量。

由于近些年来江苏省根据国家的需要，更加注重高新技术创新企业的发展，通过减免高新技术企业 15% 的税收优惠政策和大量的奖励政策，保障了江苏省上市创新企业良好的发展环境，使得各方面指标都保持了一种良好的增长姿态。本部分我们对市场竞争表现力进行了分析，发现江苏省 241 家上市创新企业的得分远远高于全国平均水平。其中，国电南瑞、恒瑞医药、徐工机械、长电科技、中天科技、亨通光电、法尔胜、南京熊猫、苏交科、联发股份位于前 10 名，与 2015 年相比有了一定变动（见表 6-6、图 6-10）。

整体而言，相对于 2015 年，江苏省上市创新企业在 2016 年中，在市场竞争表现力上有了良好的发展，增长速度相对稳定。

表 6-6　上市企业市场竞争表现力

序号	企业名称	所属地市	所属行业	行业 CBI 指数	市场竞争表现力
1	国电南瑞	南京	机械设备	96.988	4.9522
2	恒瑞医药	连云港	医药生物	92.321	4.9046
3	徐工机械	徐州	机械设备	94.234	4.5773
4	长电科技	无锡	信息设备	88.234	4.5213
5	中天科技	南通	信息设备	83.789	4.4921
6	亨通光电	苏州	信息设备	80.932	4.4432
7	法尔胜	无锡	机械设备	90.862	4.4313
8	南京熊猫	南京	信息设备	75.245	4.3321
9	苏交科	南京	建筑材料	77.452	4.2312
10	联发股份	南通	纺织服装	76.241	4.2231

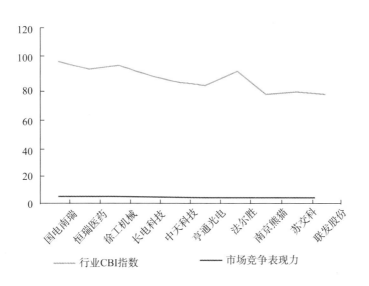

图 6-10　江苏省创新型上市企业市场竞争力前 10 名

第五节 江苏省创新型上市企业品牌
竞争力提升策略研究

一、抓住发展新技术的机遇，向产业链高端移动

通过上述分析可以发现，江苏省创新型上市企业虽然面临很多机遇，但目前的发展状况仍需要大力改进。随着诸如区块链、边缘计算、云计算在内的新一代信息技术的发展，助推了创新型企业的快速发展，这对于江苏省创新型企业而言是一个难得的历史机遇。江苏省创新型企业虽然在全国处于中上发展水平，但缺乏强有力的国际竞争力，整体而言还处于初级阶段，仍有很长一段路要走。

创新型企业是社会经济发展的代表，创新型产业应当成为区域乃至国家的支柱性产业。但是目前江苏省有相当比例创新型企业所生产的产品或提供的服务附加值较低，许多先进技术还未深度使用，两化融合有待进一步深化。因此，首先，江苏省创新型上市企业应当注重新技术的创新与应用，向产业链高端延伸；其次，面对不断快速发展的新技术，业界发展较为混乱，为了促进创新型行业快速稳定健康发展，国家也应当尽早统一相关行业标准，并建立相关的创新激励机制，调动企业积极性，强化产业化运作；最后，从政府层面或者行业协会层面要保障行业有一个宽松、稳定的发展环境。对于江苏省创新型上市企业而言，一定要抓住机遇，实现高速发展。江苏省创新型企业一定要利用好江苏省甚至是国家的相关政策，及时调整发展方向，推动江苏省创新型企业向产业链高端发展。

二、极力平衡地区发展，促进创新型企业品牌竞争力的提高

本次调研的江苏省创新型企业总计 241 家，苏北地区、苏中地区和苏南

地区所占比例分别为 8.7%、17.03%、74.27%，并且近几年三大区域占比没有太大变化。苏南地区创新型上市企业所占比例很高，是苏中地区和苏北地区创新型上市企业总和的三倍。具体分析苏南各城市占比，其中苏州市、无锡市、南京市、南通市占比分别为 29.46%、17.84%、14.52%、10.79%，可以看出江苏省创新型上市企业主要分布在苏南地区的苏州市、无锡市、南京市和南通市，而苏北地区和苏中地区占比极低。据此分析得出，江苏省创新型上市企业地区分布不平衡，苏南地区高度集中，苏中地区和苏北地区所占比例较少。

江苏省要想在国内甚至是国际市场上分一杯羹，需要提升江苏省的整体竞争实力，所谓水深才能养大鱼，先有森林才能有大树。因此，江苏省需要培养一大批优秀的创新型上市企业来支撑其整体实力水平的提高。江苏省应加大对苏北地区和苏中地区的支持力度，特别要注重对苏北地区的支持，加大对处于中游水平的创新型企业的政策扶持并给予品牌文化建设的指导。

平衡地区发展的具体举措可从以下几个方面着手。首先，与 2015 年比，2016 年江苏省上市企业在全国 500 强的排名，由 2015 年的 30 家降为 2016 年的 29 家。并且相对而言，每家企业的排名略有下降，说明相对于全国其他前 500 强排名，江苏的全国前 500 强企业在 2016 年期间发展速度相对缓慢。创新型企业需要人才作为支撑，因此江苏省应注重相关专业领域的人才培养，尤其是文理兼通的复合型人才，当然要有策略地向苏中和苏北地区输送人才。其次，江苏省也应当从战略层面制定一些规划。目前国内一些品牌实力较强的创新型上市企业在品牌、技术、资金等方面具有显著优势，以技术创新和产品研发为主，而对于实力较弱的江苏省创新型上市企业应当更多地以合作开发、协作服务为主。最后，江苏省应当对苏北地区和苏中地区创新型企业实行税收减免、技术支持等政策。以上几点一方面可以促进创新型行业整体的发展；另一方面也能保障江苏省创新型企业的充分竞争，充分发展市场机制的作用，力争达到多方共赢。

三、注重创新型复合型人才培养，夯实创新型企业品牌塑造的根基

美国钢铁大王卡内基曾说过：将我所有的工厂、设备、市场、资金全部

夺去，但是只要保留我的组织人员，四年之后，我仍然是一个钢铁之王。这凸显了人才对企业发展的重要作用，对创新型企业而言更是如此，创新型企业是利用高新技术生产高新技术产品、提供高新技术劳务的企业。它是知识密集、技术密集的经济实体。处在这样一个时代，人才的竞争比任何时候都显得更为重要。很多事实可以证明，一个杰出的科技人才可以造就一个伟大的企业，甚至催生某个新兴的产业，例如微软的比尔·盖茨，谷歌的布林和佩奇。因此，技术人才对于创新型行业来说是尤其重要的。他们是企业的核心资源，是为企业创新核心竞争力的源泉。隐藏于科技人才身上的隐性知识能够为企业创造无限的价值。江苏省创新型企业若想完成由中国制造到中国创造的转变，就必须充分注重人才，挖掘科技人才的价值。为此，可以从以下两个方面着手：

第一，创新型企业尤其是创新型上市企业要注重产学研联盟，加强与高校和科研院所的合作。目前，中国的人才教育存在的重大问题是人才不符合市场需求，造成人才供应与需求的错位，当然江苏省教育也不例外。这对企业的启发是企业应对学校相关人才培养加大投入，从而使人才更加符合企业和社会的需要，使高科技人才毕业后能够顺畅无阻地进入企业创造价值。

第二，为技术人才提供良好的职业发展通道和薪酬体系，提高技术人才的忠诚度。目前很多技术人才流向国外，使中国培养的人才最终为外国企业创造价值，江苏高校毕业生也是如此。造成这种现象的部分原因是企业不注重人才，不务实创新，使人才不能很好地发挥自身的价值。这就需要企业认真思考，对自身的文化和对创新态度等进行审查。忽视创新、进行价格战都是短视做法，不利于企业的长远发展。因此，为了提升江苏省创新型企业创新能力和品牌影响力，必须给予创新型技术人才，尤其是复合型创新人才具有竞争力的薪酬及职业发展前景。

四、掌握技术和人才，塑造创新型企业品牌核心竞争力

鉴于创新型行业的特性，新技术更新速度快，稍微延迟，极有可能被大浪淘沙，失去发展的机会。因此，江苏省创新型上市企业可以通过并购来掌

握最新技术、吸引优秀人才,从而塑造品牌,提升品牌价值。但并购之前的准备工作以及并购后的整合是至关重要的。并购的动因主要分为新技术驱导、人才驱导、融资保障驱导。并购对于江苏省创新型企业来说是一个较短时间内提升品牌价值较好的方式。当然若想达到预期目的,企业必须在选择并购企业之前进行认真的调查,并购后进行科学合理的整合才能事半功倍,最终取得理想的效果。

第七章
互联网企业品牌价值评估研究

    作为具有极强创造力和生命力的新兴行业，互联网在连接一切的同时，也为传播一切提供可能，与传统品牌的塑造方式不同，互联网品牌几乎可以只通过企业自身的互联网渠道与用户建立直接的关联，用户也可以通过互联网平台建立起不同以往的社群关系，这些变化缩短了品牌传播的距离，加快了品牌塑造的流程，影响到品牌的生命周期，为互联网企业品牌管理带来了挑战。品牌管理不仅涉及企业的营销策略，更与产品管理、客户关系管理、企业价值管理等息息相关，加之互联网产品同质化现象较为常见，能够被成功推广、被用户所熟知的品牌数量有限，如何在较短的时间内提升品牌知名度并保持品牌忠诚度既是决定品牌价值高低的关键，也是影响企业生存发展的重要环节。另外，互联网行业资本运作频繁，公司品牌、产品品牌此消彼长、日新月异，品牌是企业重要的无形资产，是并购时的重要筹码，品牌价值也是具体运作资金的考虑因素，是企业及利益相关者关注的重要内容。总体来说，无论是产品市场还是资本市场，在互联网企业激烈的竞争中，品牌价值既能反映用户对企业及产品的认可程度，又能反映企业的管理及经营状况，体现企业的整体实力与形象，因此互联网企业品牌管理及品牌价值评估对其生存发展极为重要，而互联网行业本身的创新性、经济性、不受时空限制等特点也决定了其品牌价值评估及提升有不同的思路。

    品牌价值评估是对企业或产品品牌资产的货币化评估，涉及品牌、财务、传播等专业领域，是品牌管理的重要内容。随着互联网行业的快速发展，互联网企业品牌也引起各方的关注，专业品牌咨询公司公布的品牌排行榜中渐渐出现了互联网品牌的身影，著名的 Interbrand 全球最佳品牌百强排行榜中，苹果和谷歌已经连续四年分别蝉联冠亚军，2016 年苹果与谷歌的品牌价值分别为1781.19 亿美元和 1332.52 亿美元，也是仅有的两家品牌价值超过千亿美元的公司，而中国知名互联网企业并没有上榜。但 2016 年 BrandZ 全球品牌价值百强排行榜中，腾讯位列第 11 名，阿里巴巴、百度和京东也榜上有名，国内品牌排行榜中互联网品牌价值更是提升迅速，挤掉了许多原来名列前茅的传统企业品牌。从公开的榜单及研究中也可以看出，品牌价值评估方法及结果各异，对互联网品牌评估的侧重也各有不同，这也为互联网品牌价值带来困惑。本章将从品牌价值的内涵及品牌价值评估方法的演进历程出发，介绍互联网品牌及其品牌价值评估的特点及难点，由此构建可行的互联网品牌价值评估模型，以百度、阿里巴巴、腾讯这三家中国互联网公司为例，进行品牌价值评估与评价，进而总结互联网企业品牌价值提升路径。

第一节　互联网企业品牌特点及品牌价值评估方法

一、品牌及品牌价值的内涵

（一）品牌的内涵

关于品牌的含义，一直以来都存在很多不同的看法。根据周志民（2008）的总结，品牌的内涵经历了区隔符号、价值担保、联想载体、关系集合、无形资产的演变历程。品牌的英文 brand 来源于古挪威词语 brandr，最初的含义是牲畜身上的烙印标记，起到识别和证明的作用。早期对于品牌的定义与商标类似，强调其识别功能。美国市场营销协会对于品牌的定义是"意在识别一个或一群卖主的商品或服务，并将其与竞争对手的商品或服务区分开来的名称、术语、标识、象征、设计或其总和"（美国市场营销协会，

1985)。随着技术的发展、商品的丰富，品牌不仅作为区隔符号，还为消费者做出价值承诺。英国广告专家约翰·菲利普·琼斯（John Philip Jones，1999）将品牌定义为能为顾客提供其认为值得购买的功能利益及附加价值的产品，类似的定义均强调品牌意味着对企业所能提供价值的信任。品牌不仅使消费者联想到产品价值，还联想到更多的内涵，其为消费者的产品联想提供了载体。从品牌联想的复杂性出发，许多学者对品牌做出了更为全面的定义。例如广告教皇大卫·奥格威从品牌认同理论和品牌形象理论的角度，定义"品牌是一种错综复杂的象征，它是品牌属性、名称、包装、价格、历史声誉、广告方式的无形总和"（David Ogilvy，1995）。而科特勒认为品牌至少包括属性、利益、价值观、文化、个性、使用者这六个方面的内容。许多对于品牌的定义还关注企业与消费者的关系，更加注重消费者对品牌建立的感受。品牌管家奥美广告公司认为品牌是消费者与产品之间的关系。品牌识别六棱镜模型创立者 Kapferer 认为品牌是一个人与公司及其产品和服务联系的一切感受、感知和经验的总和。现今普遍认可品牌是一种重要的无形资产，品牌学中非常热门的概念也是品牌资产（Brand Equity）。关于品牌资产的定义和评估方式，如今也没有形成完全统一的界定标准，我国品牌研究专家卢泰宏（2002）总结指出，品牌资产主要存在三种概念模型，即财务会计概念模型、基于市场的品牌力概念模型、基于品牌—消费者关系的概念模型，应基于不同的概念建立不同的品牌资产评估模型。Keller（1993，1998）从消费者的视角来定义品牌资产，认为品牌资产的本质是由消费者既有品牌知识所导致的对品牌营销活动的差异化反应。被广泛认可的定义是著名品牌专家大卫·艾格从品牌资产管理的角度提出的基于品牌关系的品牌定义，即"品牌就是产品、符号、人、企业与消费者之间的联结与沟通，品牌是全方位的架构，牵扯到消费者与品牌沟通的方方面面"（D. Aaker，1991）。总体来说，品牌的内涵随着研究的深入不断丰富与延伸，周志民在《品牌管理》一书中综合品牌内涵的演变进程，将品牌定义为"由名称、标志、象征物、包装、口号、音乐或其组合等一些区隔竞争的符号而联想到的基于价值的消费者与组织或个人之间的关系及其所带来的无形资产"。如图 7-1 所示。

（二）品牌价值的内涵

品牌价值（Brand Value）这一概念被认为最早由财务人员发明，用于反

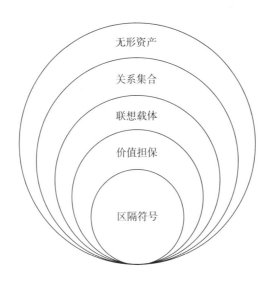

图 7-1　品牌内涵的演变

资料来源：周志民. 品牌管理［M］. 天津：南开大学出版社，2008.

映品牌的财务价值，从财务视角来看，品牌价值指品牌所具有的以货币计量的市场价格。在随后的研究中，学者们又提出了不同的观点，总体来说，品牌价值的内涵主要围绕消费者或企业展开。围绕消费者视角，品牌价值被定义为消费者凭借自己的品牌知识形成的对于不同品牌的差异化反应，这取决于品牌联想程度、品牌受欢迎程度以及品牌独特性（Keller，2007），或是与购买相同功能的无品牌产品的价格相比，消费者购买品牌产品时支付的超出的价格，这种价值增值包括信誉价值、关系价值、体验价值和象征价值四部分（Douglas B. Holt，2003）。此类定义强调消费者可感知的价值，通常较难以货币化计量。围绕企业视角的定义与财务视角有相通之处，企业并购、商标使用许可与特许、合资谈判、税收缴纳、商标侵权诉讼索赔等众多场合都会涉及品牌价值评估（符国群，1999），此时品牌作为企业重要的无形资产，能够为企业带来一定的收益，其本身具备相应的价值。品牌价值是品牌的市场价格，可以通过类似有形资产评估的方法计算出来，这种价值能够反映出品牌在消费者心中的综合形象（王熹，2012）。

　　总体来说，品牌价值是一个抽象的概念，作为一种特殊的无形资产，品牌在具有价值和使用价值的同时，还有一些其他资产不具备的价值，这也造就品牌价值独特的功能：识别功能、增值功能、延伸功能和形象功能。品牌价值是对品牌资产的货币化衡量，也是品牌竞争力的核心表现，进行品牌价值的评估具有重要的意义，品牌价值评估是品牌兼并、收购和合资的需要，也是对财务学和营销学的融合与完善，有利于提高企业管理效率及竞争力。

二、互联网企业品牌的特点

(一) 品牌传播及发展速度更快

从营销传播的角度来看，互联网产品如搜索引擎、虚拟社区、即时通信、网络游戏等都是构成新媒体传播环境的主要新媒体类型，是重要的品牌营销传播平台。既是新媒体，又是盈利企业，互联网企业的双重身份为自身品牌建设提供了传统企业无法比拟的优势。许多互联网品牌在建设过程中几乎没有使用过传统媒体，它们依托互联网实现更有效率的信息传播，品牌的影响范围更加广泛，品牌建设速度显著提升，品牌生命周期产生变化，企业与消费者的互动也比传统品牌更加快速和高效。传播速度快对互联网品牌建设来说有着双向作用，一方面，提高了互联网品牌的建设效率，使优秀的互联网品牌形象以较低的成本和较快的速度在用户心中建立；另一方面，互联网信息的复杂性使用户信任更为重要，而互联网同时也加剧了负面消息的传播速度，许多负面事件对企业品牌的影响通过互联网进行了放大。因此互联网企业品牌的维护，尤其是提高用户的信任度，包括通常所说的危机公关等也更为重要。

(二) 用户参与对品牌建设更加重要

互联网技术的应用改变了企业与消费者的沟通交互方式，缩短了消费者与产品之间的流通环节，并使其形成完整的互动反馈闭环，因而消费者在品牌价值创造过程中被赋予更多的权利。这些深刻的变化在互联网品牌塑造中最直观地得以体现，互联网为用户提供了诸多交流的方式及平台，使得互联网企业品牌与用户的互动更加便捷，进而完善、满足用户的个性化需求。同时，互联网信息传播的敏捷性使得品牌可以借助用户进行快速建设与口碑传播，用户各种形式的评价成为企业品牌优劣的直接体现，是互联网品牌塑造十分关注的内容。在传统商业模式下，品牌与消费者的沟通处于信息不对称的状态，更多的是品牌表现出什么，消费者才知道什么，品牌所有者难以及时了解消费者诉求。而互联网企业更希望用户参与品牌创造的全过程，尽可能地吸引用户，并挖掘用户的特性及需求，引导用户参与产品的设计及品牌的建设，并重视用户的反馈，为用户提供个性化的服务，进而提升用户体验，最终塑造良好的品牌形象，可谓将"以用户为中心"提升到新的层次。

（三）品牌营销方式加速创新

品牌建设离不开企业的营销活动，互联网为品牌营销注入了创新的活力。互联网企业具备良好的交互与媒体平台，公司的网站、APP 等产品本身就是营销渠道，此外博客、社区论坛等为建立用户社群提供了良好的平台，也促进品牌营销的创新。粉丝营销、饥饿营销、口碑营销、精准营销等是近年来非常流行的品牌营销方式，此类营销就是建立在互联网交互式信息平台产生的用户社群基础上，充分把握用户的心理进行品牌传播。另外，广告的形式也更加多样，如网络游戏内置广告、视频网站贴片广告、客户端开屏广告，等等。针对不同的互联网产品和用户开发不同的广告形式，有创意又有针对性。除了创新与精准，互联网品牌营销非常注重速度，无论是热点事件的利用上，还是突发事件的应对上，品牌方的及时反应尤为重要，很多品牌通过一次成功的热点事件就能吸引大量用户，达到营销的目的。在互联网时代，品牌的核心竞争能力已经从自身技术和实力，转化为对于用户的把握能力，一方面利用大数据技术等充分把握用户特性，另一方面将这些优势转化为高效的品牌营销，进一步从内到外打造品牌的真实性和差异性，能够使品牌创造更丰厚的价值。

针对上述分析，互联网企业的品牌价值评估中要综合分析互联网企业的品牌特点，电商品牌的传播途径、互动方式、营销创新等方面的内容都可能对品牌价值产生影响，在评估过程中要给予充分的考虑。

三、品牌价值评估方法

品牌价值评估方法依照其演进历程和核心要素大致分为四类：一是完全基于财务会计要素的品牌价值评估法，包括成本法、市场法、收益法和股票市值法。这类评估方法将品牌资产作为无形资产的一部分，评估方式体现了会计学理念。二是考虑消费者要素的品牌价值评估法，包括品牌力因子模型、品牌资产十要素模型、忠诚因子模型、Nielsen 模型、HI-ROSE 模型、BVA 评估体系等，这类评估方法强调品牌与消费者的关系，着眼于品牌资产的运行机制和价值驱动因素。三是引入了市场要素的品牌价值评估法，包括 Interbrand 评估法、Financial World 评估法、Brand Finance 评估法、北京名牌资产评估事务所法、Sinobrand 评估法等，此类评估方法将品牌价值定义在企业的市场行为和市场相对地位基础之上。四是在实际评估时，很多方法在上述三类方法的基础上加入了社会要素，将企业的社会责任纳入品牌价值评估体系，包括叶明海品牌价值评估法以及我国质检部颁布的品牌评价标准体系。

（一）基于财务要素的品牌价值评估方法

财务方法利用会计学的原理来测量品牌资产价值，具有较强的可操作性，虽然其未充分体现品牌的意义，但为后续品牌价值评估实践提供了计量基础。主要有以下几种。

1. 成本法

成本法认为品牌的价值源于创建或者购买这一品牌的成本，因此进行品牌价值评估时，考虑企业取得品牌发生的支出及后续开发费用。成本法主要分为历史成本法和重置成本法。历史成本法是根据取得品牌当时所发生的全部历史成本估值，包括设计、研发、广告、专利申请等一系列费用，是最直观的一种评估方法。而重置成本法是根据目前情况，获得一个相同或相似品牌所要发生的成本估值。显然，成本法与会计成本或价值计量原则紧密结合，注重品牌构建过程中的资源投入，并有相对客观可靠的数据来源支撑，但却没有考虑品牌作为企业重要的无形资产，其价值与成本相关性并不高，而与品牌后续为企业带来的超额收益有极大的相关性，由于成本与未来收益的不对称性使得成本法有不可克服的局限性。

2. 市场法

市场法是根据现行市场中相似或近似品牌（即参考品牌）的价值估算目标品牌价值的方法。在具体应用中，该方法依据替代原则，以参照品牌的价值为基础，根据两者的差异进行调整后得到评估结论。市场法的基本计算公式为品牌价值＝参考品牌价值+调整量，其要求市场是有效、活跃、资产自由交易的；同时在公开市场中能够找到相似或近似的品牌，且被评估品牌和该品牌之间的差异能够被较为准确地量化。这两个条件在实际操作中很难实现，因此该方法操作性比较低。

3. 收益法

收益法注重品牌给企业带来的未来经济利益，利用品牌给企业带来的未来收益折现估算出品牌价值，品牌能够带来的收益越大，其价值也就越大。在利用收益法进行评估时，被评估品牌必须满足以下要素：目标品牌拥有能够连续、独立产生未来收益的能力；未来收益能够被较为准确地预测并且能以货币计量；折现率能够被较为准确地估算。收益法依据品牌获利能力的大小进行品牌价值评估，比较符合品牌价值的本质，因此被广泛用于实践工作中。如今许多广告咨询公司（如 Interbrand）采用的品牌价值评估法就是从收益法改进而来。然而，收益法也存在着一些不足之处：其一，未来的预测具有较大的主观性，同样会导致无论是对未来收益还是折现率的估计都会带有较大的不确定性，影响评估结果；其二，收益法没有将消费者因素对品牌价值的影响纳入评估体系，没有完整地体现品牌价值来源。

4. 股票市值法

美国芝加哥大学 C. J. 西蒙（Simon）和苏里旺（Sullivan）提出以公司股价为基础，将有形资产与无形资产相分离，再从无形资产中分解出品牌资产，适用于上市公司的品牌资产评估。首先计算公司股票总值作为其资产总值，其次用重置成本法计算公司有形资产总值，进而计算差额得到无形资产总值。无形资产由三部分所组成：品牌资产、非品牌因素（如 R&D 和专利等）以及行业外可以导致获取垄断利润的因素（如法律等），确定这三部分各自影响因素，建立股市价值变动与上述各影响因素的数量模型，以得出品牌资产占公司有形资产的百分比，进而可得出品牌资产。股票市值法的出发点是股价充分反映企业价值，这一评估方法适用于比较健全的股票市场，股价较好地反映实际经营业绩，因此实用性也受限。

（二）引入消费者要素的品牌价值评估方法

引入消费者要素的品牌价值评估方法与品牌学理论的发展相辅相成，与其他的方法相比，这类评估方法有更深的品牌学基础，反映了品牌理论的发展趋向，更加以消费者为中心或者注重消费者与品牌的关系，但此类方法在量化数据方面还存在一定欠缺。

1. 艾克的品牌资产十要素评估法

十要素评估法是由美国品牌领域专家大卫·艾克提出并发展的，他经过研究发现，品牌价值可以由五个方面决定，分别是联想度、知名度、忠诚度、认知度和市场状况。其中前四个方面是从消费者的角度考虑品牌价值，最后一个则是根据市场的表现和反馈进行评价。这五个方面在具体评估中可以分为十大要素，如表7-1所示。十要素评估法是对品牌价值的定性研究，主要从消费者和市场两方面对品牌价值进行评价和估算。该方法考察因素的涵盖范围较广，为消费者角度的品牌价值评估提供了新的途径，并且简化了研究思路，便于开展专项研究等工作。但是，十要素评估法也有它的不足之处：其一，影响因素缺乏对行业的考虑，不同的行业对应指标可能不同；其二，欠缺企业方面对于品牌价值影响的考虑，评估方法的完整性方面存在缺陷。

表7-1　品牌资产十要素指标体系

忠诚度评估	价差效应
	满意度或忠诚度
品质认知和领导性评估	感知质量
	领导品牌或普及度
品牌联想/差异性评估	价值认知
	品牌个性
	企业联想
品牌认知度评估	品牌知名度
市场状况评估	市场份额
	市场价格与分销区域

2. 凯勒的基于顾客的品牌资产金字塔模型

凯勒在《战略品牌管理》一书中提出了 "基于顾客的品牌资产"（Cus-tomer-based Brand Equity，CBBE）概念，其中，CBBE 包括品牌知名度和品牌联想两个部分，之后，凯勒教授又进一步完善，提出了 CBBE 金字塔模型（如图 7-2 所示）。该模型将品牌资产分为品牌识别、品牌内涵、品牌反映、品牌关系这四个层次，反映了品牌资产在消费者心理的形成过程，其中品牌内涵层次中存在理性和感性两个维度，理性是品牌性能，感性是品牌形象，相对应了品牌反映的评价与感觉。凯勒为每个具体指标都设计了若干问题测量，使管理者了解品牌资产形成过程中每个层次的成效，同时该模型从理性与感性两条路线测量品牌资产的形成过程，帮助品牌定位现状和检查未来路线的规划。

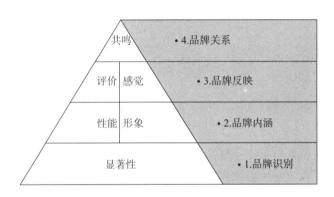

图 7-2　CBBE 金字塔模型

资料来源：凯勒. 战略品牌管理（第 2 版）[M]. 北京：中国人民大学出版社，2006.

3. 扬·罗必凯公司的 BAV 模型

美国广告公司扬·罗必凯的品牌资产评估模型（Brand Asset Valuator，BAV）也是著名的品牌资产评估模型，该模型中品牌资产分为品牌活力和品牌现状两个方面，其中品牌活力由品牌差异性和品牌相关性两个指标构成，反映品牌的增长潜力；品牌现状由品牌尊重度及品牌知识构成，反映品牌的当前实力。根据品牌活力及品牌现状这两个方面的得分，可以构建品牌力矩阵，判别品牌所处的发展阶段，将品牌资产进行分类，品牌活力和品牌现状均高的为领导品牌，品牌活力高但品牌现状低的为利基品牌，品牌活力低而品牌现状高的为衰落品牌，品牌活力及品牌现状均低的为新品牌。后续扬·罗必凯公司又增加了品牌能量这一指标，指消费者对品牌革新性和动力性的评价。BAV 模型不仅考虑品牌的现状，还对品牌未来的发展潜力进行测量，模型比较完美，但是只考虑消费者数据，其进一步量化的数理基础也有些缺乏。该模型的主要优点是对品牌进行分类，有助于营销人员对不同的品牌施行不同的营销策略，为实际的营销管理提供支持。

4. 忠诚因子法

忠诚因子法是 21 世纪初由国内的两位学者范秀成和冷岩提出并发展的一种评估方法，这种方法立足于消费者，认为品牌通过影响消费者的心理和行为产生价值，具体体现在消费者的忠诚度。忠诚因子法的基本公式为品牌价值=忠诚因子×时限内的周期数×（单位产品价格-单位无品牌产品价格）×周期购买量×理论目标顾客基数。其中，忠诚因子作为该方法的关键，表示在目标顾客中未来开始消费或再次选择该品牌产品或服务的百分比，这项指标是对消费者群体忠诚度的综合表现，反映了品牌对市场整体的吸引力。因子的具体数值可以由专家根据经验和市场调查打分得到。忠诚因子法注重消费者对品牌价值的重要意义，为企业进一步调整完善品牌策略提供思路。但忠诚因子法也具有一定局限性：其一，该方法核心数据的确定有赖于主观判断，没有客观数据的支撑，可能会影响评估结果的公信力；其二，如同十要素评估法，企业视角考虑不足，使评估方法的完整性方面存在局限。

（三）引入市场要素的品牌价值评估方法

此方法引入市场要素，更加贴合品牌营销学的理念，同时与消费者角度的品牌价值评估相比，此类方法能够计算出品牌价值的绝对值，在公司并购、构建竞争力等方面起到重要的参考作用，因此应用更为广泛，其中以Interbarnd 方法最为著名。

1. Interbrand 方法

Interbrand 方法以推出此品牌价值评估方法的 Interbrand 公司命名，该方法于 2010 年获得了 ISO10668：2010 的认证，成为品牌价值评估的国际通用方法，Interbrand 公司也成为全球第一家获得 ISO 权威认证的品牌策略顾问机构。Interbrand 方法基于收益法的思路，合理预测品牌带来的超额收益并予以折现，其特点是将代表品牌未来获得收益的风险的折现率转换为品牌强度系数，评估模型为"品牌价值 V＝品牌收益×品牌强度系数"，其中品牌收益包括经济利润及品牌作用力，表示由品牌给业务带来的额外收益。如图 7-3 所示。

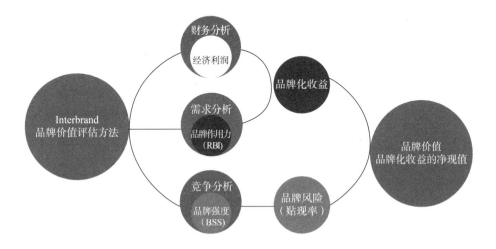

图 7-3　Interbrand 品牌价值评估模型框架

资料来源：Interbrand 网站。

　　Interbrand 评估法的关键是确定品牌强度（Brand Strength，BS）。品牌强度分析是确定品牌较同行业其他品牌的相对地位，反映品牌管理水平对企业未来品牌收入风险的影响，并从趋势的角度预测企业的未来品牌收益。Interbrand 公司的品牌强度分析指标，最初由市场特性、稳定性、行业地位、行销范围、品牌趋势、品牌支持、品牌保护这 7 个指标构成，指标不断改进后现在通常为 10 个指标，2014 年 Interbrand 公司进行中国最佳品牌价值排行榜评估时采用的 10 个指标包括内部指标及外部指标，内部指标包括清晰度、内部重视程度、品牌保护、品牌反应力等，外部指标包括真实性、相关性、差异性、一致性、品牌存在性、理解度等，从指标的具体内容来看，品牌强度非常注重消费者感知，这也反映了品牌的本质要求，因而在通常情况下，消费者导向往往比销售导向的品牌在品牌强度指标上得分更高。Interbrand 创造了"S 型曲线"，将品牌强度得分转化为表示品牌未来收益的折现率的乘数，进而计算品牌价值。

Interbrand 评估法经过多年的操作与实践，得到了全球众多专家学者以及相关从业者的肯定和推崇，其评估结果也已经成为众多交易活动和品牌评价的参考。不过 Interbrand 评估法也有不足之处：第一，评估中无论是客观数据还是人为判断，都过多地从企业视角出发，对消费者因素考虑不完全，可能会造成整个评估体系的不完整；第二，计算品牌收益时对于未来收益的预测多采用的是近三年的财务数据加权平均数，对未来经营预测可能存在较大偏差；第三，品牌作用指数在整个评估方法中也起到重要的作用，但与品牌强度的测算相比，品牌作用指数的层次性及说服力不如前者。

2. Financial World 评估法

美国《金融世界》推出的 Financial World 评估法也是著名的品牌评估方法之一，其特点是将品牌分为产品品牌及公司品牌两个层面分别评估。产品层面称为商标，其价值评估方法与 Interbarnd 方法类似，主要不同为品牌利润估计时涉及的行业平均利润率、资本报酬率等更多参考专家意见。公司品牌价值评估采用特许经营协会（Trade & Licensing Associates，TLA）的方法。TLA 公司建立的大型数据库包括涉及众多消费品的 5000 多种特许经营协议，以此进行评价，TLA 方法仍然基于收益现值法，公式为商号价值＝当年销售收入×特许权费率×有效寿命×预期销售增长率×折现因子，其中商号强度根据利润、消费者认可度、产品扩张能力等 20 种因素确定，根据商号强度的不同将公司分为 1~5 级，级数越高，强度越大，公司可能获得的特许权费率就越高。Financial World 评估法将产品品牌与公司品牌进行区分，克服了其他评价方法的不足，但这一方法仅适合评估较为稳定的著名品牌。

3. 北京名牌资产评估公司的 MSD 评估法

北京名牌资产评估公司属于国内最为知名的品牌研究公司，其 MSD 评估法是在借鉴 Interbrand 评估法的基础上，结合中国实践加以改进后得出的评估方法，公式为品牌价值（P）＝品牌的市场占有能力（M）＋品牌的超值创利能力（S）＋品牌的发展潜力（D）。MSD 评估法立足于中国本土实际，以市场占有能力为核心要素，符合我国目前的市场现状和未来趋势；在评估中引入了行业修正系数的概念，数据可比性较强。但该方法也存在一定争议：其一，有关指标的确定不透明，导致其结果的正确性、权威性遭到质疑；其二，该方法对影响品牌价值因素的考虑尚不完整，没有将消费者等方面的因素考虑在内。

4. 明略行的 BrandZ 评估法

WPP 集团旗下的英国品牌咨询公司明略行（Millward Brown）于 1988 年开始进行 BrandZ 品牌资产研究，自建的全球品牌资产数据库多年积累了大量的消费者访谈数据，再加上相关的市场数据，如彭博（Bloomberg）、Datamonitor 公司、WPP 旗下调研公司 Kantar Worldpanel 以及企业向监管部门提交的数据，开发了专有的品牌资产评估模型。其强调"品牌价值是企业价值的一部分"，采用"经济用途法"评估品牌价值，评估模型为"品牌价值（V）＝品牌财务价值×品牌贡献"，而"品牌财务价值＝品牌收益×品牌乘数"。BrandZ 评估法引入了两个重要指标：品牌动能（Brand Momentum）和品牌贡献（Brand Contribution），分别反映品牌价值的未来增长潜力和品牌对企业盈利能力的贡献。从评估模型的形式上看，BrandZ 评估法反映了品牌理论的最新进展，代表着品牌评估的最新方向：一是强调价值评估"面向消费者"以及"品牌贡献根植于现实世界的客户认知度和行为，而非不真实的专家意见"；二是 BrandZ 将每个品牌收益分割到不同国家市场，从而更好地估算品牌贡献，体现出品牌贡献的国别差异。但是 BrandZ 数据库仅对 WPP 旗下公司开放，企业无法真正了解 BrandZ 的最终估值是如何产生的，因而很难指导企业开展提升品牌价值的实践。此外该方法仅评估产品品牌，缺乏对于企业品牌的评估。

（四）基于品牌生命周期的品牌价值评估法

品牌生命周期理论移植于企业生命周期理论，也与竞争理论密切相关。企业与品牌紧密联系，品牌会随着企业生命的发展而变化，营销学家菲利普·科特勒从产品的生命周期概念对品牌加以分析，认为品牌离不开产品，品牌也会像产品一样经历出生、成长、成熟到最后衰退的阶段。品牌的发展离不开企业的培养和管理，综合企业生命周期理论和相关品牌生命周期，品牌也会依次经历导入期、成长期、成熟期和衰退期这四个阶段，也可以称为进入期、知晓期、知名期和衰退期。而品牌在经历开发、引入、成长、成熟后，可以转换到后成熟期通过品牌创新和延续获得新的生命力。在当今的市场条件下，如果能对品牌进行合理的管理、不断赋予其新的内涵，才能提升品牌价值，从而实现品牌生命周期的无限性。与企业生命周期理论相似，品牌在不同周期具有不同的竞争特点，不同阶段的品牌特征、价值来源及构成也是在不断变化的，因此适合的价值评估模型及方法也有所不同，具体如表7-2所示。

表7-2　品牌生命周期不同阶段评估方法选择

发展阶段	品牌属性	价值来源	评估模型的选择	模型修正的角度
导入期	符号属性	财务会计上的原始投入	成本法	品牌过渡进入成长期的概率、行业特征等
成长期	价值属性	市场的未来经济收益	收益现值法	成长期的长短，行业特征、竞争环境等
成熟期	价值、关系和承诺多种属性	财务、市场和消费者等多种价值来源	Interbrand 评估模型或 Financial World 评估模型（收益现值法的改进）	成熟期的长短，针对具体品牌对模型层面结构进行调整
衰退期	关系和承诺属性	忠诚消费者的评价	基于消费者角度的评估方法，如品牌资产十要素法及忠诚因子法	品牌"复活"的可能性、行业特征等

资料来源：张勇.品牌生命周期内的价值评估研究［J］.商，2015（3）：132.

四、互联网企业品牌价值评估方法

与传统企业相比，关于互联网企业品牌价值评估的研究相对较少，互联网企业品牌价值评估模型更多是在传统企业品牌价值评估模型的基础上进行改进，部分研究关注互联网企业品牌资产的来源和影响因素。Page 和 Lepkowska-White（2002）率先为线上企业构建品牌资产框架，他们认为网络资产（在线业务的品牌资产）与线下产品品牌资产类似，可以通过影响形象与知名度这两个主要维度进行创造，并提出忠诚度是网络资产的结果。Page 和 Lepkowska-White 还提出提高网络品牌知名度与品牌形象的相关措施，包括网站特定的功能设计和广告工具（如插页式广告和横幅广告），及改善产品质量、价格等传统途径。Na 和 Marshall（2005）通过因子分析将网络品牌力模型降维至三个因素，分别是体验（乐趣、社会性、特征、布局和用户友好型）、信息（全球化、网页界面、信息丰富度）和熟悉度，认为这三个方面构成了互联网品牌资产的来源。Christodoulides 等将在线零售/服务（Online Retail/Service，ORS）品牌资产定义为消费者和网络零售品牌之间的互动共同创造的关系型无形资产，提出的模型基于五个维度：情感联结、在线体验、响应式服务、信任和配送，这五个维度已经偏离了传统建立的品牌资产分支概念模型，但 ORS 品牌资产则认为根据国际关系型营销范式，需要将品牌作为关系型资产（Argyriou et al.，2005）。Rosa E. Rios 和 Hernan E. Riquelme 对传统品牌价值评估应用于在线零售企业进行验证，部分支持基于品牌知名度、品牌关联度和品牌忠诚度的传统品牌资产理论框架，同时强调信任对互联网公司品牌创建的重要性。

国务院在《质量发展纲要（2011~2020年）》中提出建立品牌建设国家标准体系和品牌价值评价制度，指导广大企业创建知名品牌、提升品牌价值和效应，2014年《品牌价值评价互联网及相关服务》出台，此次制定的互联网品牌价值评价标准是基于2012年制定的国家推荐标准 GB/T29188《品牌评价多周期超额收益法》的改进，其评估模型沿用多周期超额收益法，即通过计算扣除企业经营所需的所有其他资产的收益后的未来剩余现金流的现值来测算品牌价值。该标准重点明确了互联网及相关服务品牌强度测算指标包含的内容，包括质量、创新、服务、资产、社会责任。这些内容中包含许多新的元素。第一，在质量中明确提出了信用体系的建设。信用体系的建设在十多年前就一直被提及，但是久久没有建立，这次制定的《品牌价值评价互联网及相关服务》标准，就把信用体系的建设考虑了进去。第二，在质量中，引入了质量水平的概念，其中包括了硬件水平、软件水平，由此明确了互联网及相关服务中的质量水平要求。第三，创新中明确提出了创新成效包括创新的商业模式。第四，明确了互联网及相关服务必须用到的几个固定项，如服务能力包括出口带宽数、响应速度，数据资源包括数据量、数据流量等。第五，互联网的价值评价中，首次提出了将社会责任作为价值评价的标准。任何企业都是为社会服务的，都承担着一定的社会责任，互联网及相关服务也不例外，对于品牌价值的评估加入社会指标是大势所趋。如表7-3所示。

表 7-3　互联网及相关服务品牌价值评价参考指标体系

一级指标	二级指标
质量	管理水平、信用体系、质量水平
创新	创新能力、创新成效
服务	服务保障、服务能力、服务水平、信息安全
资产	市场、数据资源、品牌培育、法律权益
社会责任	体系建设、卓越绩效

资料来源：崔从俊. 浅析互联网企业品牌价值评价方法［J］. 中国品牌，2015（8）：91-92.

　　近年来，各大品牌评估公司也在实践中将互联网企业列入品牌价值评估范围，Interbrand 公司推出的 2014 年最佳中国品牌价值排行榜中，腾讯与阿里巴巴分列第一名和第三名，新进榜品牌名单中，与移动互联相关的占据一半，除阿里巴巴外，还有华为、京东和 360。Interbrand 公司 2016 年全球品牌价值排行榜前 100 名中，Google 位列第二，Amazon 位列第八，Facebook 和 eBay 也榜上有名。世界品牌实验室（World Brand Lab）编制的 2016 年"世界品牌五百强"排行榜中，谷歌与亚马逊位列第二、第三。全球最大的传播集团 WPP 发布的 2017 年 BrandZ 全球最具价值品牌百强榜中，谷歌排名第一，在过去 11 年中，谷歌有 7 年拿下了全球最具价值品牌桂冠；而腾讯名列第八，成为历史上首次进入榜单前十名的中国品牌。越来越多的互联网企业进入品牌价值排行榜前列，与经营时间颇久的传统企业在品牌方面一决高下，展现出互联网企业品牌发展迅速。从目前的评估方法来看，大多数的品牌评估公司将互联网企业与传统企业放在统一框架标准下进行评估，模型原理一致。但同时互联网企业品牌本身鲜明的特点也引起关注，因此在单独评估互联网行业品牌价值时，需要引入与互联网品牌相关联的重要因素，如信息安全、数据资源等。另外，互联网企业与用户互动的便捷性及用户运营数据的可获取性大大提升，即大数据技术为品牌价值评估提供了新的数据来源，梁红波（2014）曾基于大数据技术对山茶王茶叶品牌价值评估进行创新，利用互动系统、Hadoop 系统和流计算技术直接提取品牌评估时与市场、企业、消费者有关的数据，与以往传统企业品牌价值评估时采用的专家打分及消费者问卷调查的形式相比，数据相对更为客观，也体现了互联网时代的品牌价值评估研究趋势。但限于这方面的数据存在一定获取难度，因此本章在品牌强度测量时采用专家打分法，同时选取可获取的客观数据进行详细分析，如百度指数、易观千帆、酷传等互联网数据监测平台统计的数据，与互联网产品直接相关的用户评价数据、用户留存率等，将品牌价值测量与大数据时代下互联网企业运营数据相结合。既在指标体系的构建上注重体现互联网企业品牌的内在元素，又在数据获取方面考虑互联网行业分析的特色与优势。但这一评估方式也存在一定局限性，一是网络平台呈现的用户数据会有局限性，国内互联网数据监测平台只能对企业部分数据进行统计，并且其作为间接数据会与品牌强度体系中的指标在研究目的上有所不同；二是评估方法没有本质改进，没有进一步结合大数据技术，如利用 Hadoop 等实现品牌价值评估的高效测量。

第二节 互联网企业品牌价值评估
——以百度、阿里巴巴、腾讯公司品牌为例

一、互联网企业品牌价值评估计算

本部分选取国内有代表性的三家互联网公司，即百度、阿里巴巴、腾讯进行品牌价值评估，综合考虑选择 Interbrand 评估法，同时结合消费者角度的品牌资产十要素法，以及中国国家标准化管理委员会发布的互联网及相关服务的品牌价值评价的指标体系加以改进，构建符合互联网企业特点的品牌价值评估体系。

（一）财务分析

财务分析的主要目的是计算无形资产带来的超额收益。通过将各家公司销售利润率与中国互联网行业销售利润率（数据来源于 Wind 资讯，计算机与软件服务业销售利润率）进行对比，计算差额即超额销售利润率，扣除税

费后再计算出无形资产为企业带来的超额收益。并将 2014~2016 年三年的超额收益按照 1：2：3 的权重计算加权平均数，得到百度、阿里巴巴、腾讯三家的超额收益分别为 109.48 亿元人民币、333.47 亿元人民币、211.59 亿元人民币。

（二）品牌作用指数的确定——层次分析法

Interbrand 品牌作用指数是衡量与其他因素相比，品牌对购买决策的影响程度。当可供选择的产品或服务难以比较时，消费者会更多地依赖品牌做出选择，他们会选择信任的品牌或者符合其个性的品牌。品牌作用指数通常采用层次分析法进行计算。层次分析法是一种定性与定量相结合的分析方法，通过该方法有效分离品牌与其他无形资产对企业超额收益的贡献，从而确定品牌作用系数。具体操作步骤如下：

1. 建立三个层次

确定评价目标之后，根据相应的准则确定指标之间的相互关联和影响，建立评价层级，一般分为三层，第一层是目标层，第二层是准则层或指标层，第三层是措施层。根据资源基础理论，无形资产属于企业的异质性资源，能够为企业带来竞争优势，进而贡献超额利润。本章经过分析，将无形资产为互联网企业带来超额收益的途径分为三类：用户数量增长、增值服务创新、市场开发费用降低，并将这三类来源作为准则层。对互联网企业来说，为企业贡献超额收益的无形资产主要有企业品牌、技术支持、服务质量、商业模式，因此将其作为措施层。层次结构如图 7-4 所示。

目标层：无形资产超额收益贡献；

准则层：用户数量增长、增值服务创新、市场开发费用降低；

措施层：企业品牌、技术支持、服务质量、商业模式。

2. 构造判断矩阵

品牌作用指数的估算采用德尔菲法，专家对下层的各个因素对于上层某指标的重要性进行两两比较，在重要性比较方面，对重要性程度采用 1~9 标度进行赋值，进而得到针对上层某一指标的重要性判断矩阵。本章针对百度、阿里巴巴、腾讯三家公司的专家评分数据，分别构造判断矩阵进行计算。

3. 一致性检验及计算品牌作用指数

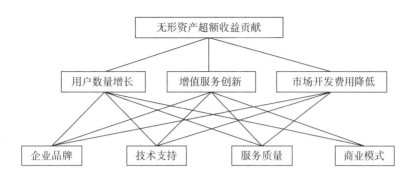

图 7-4 层次结构图

在计算品牌作用指数之前，需要对判断矩阵进行一致性检验。一致性检验主要保证指标的重要程度相互之间逻辑合理，本章使用 yaahp 层次分析法软件对上述判断矩阵进行一致性检验，通过后计算权重分配，最后得到百度、阿里巴巴、腾讯三家公司的品牌作用指数分别为 0.586、0.4368、0.6372。

（三）品牌强度的确定

品牌强度是衡量品牌建立忠诚度，在未来持续创造需求和利润的能力的指标。本章以 Interbarnd 市场七指标为基础，结合艾克提出的消费者角度的品牌资产十要素法，以及中国国家标准化管理委员会发布的互联网及相关服务的品牌价值评价的指标体系加以改进，从市场、消费者、社会三个角度构建符合互联网企业特点的品牌强度指标体系。品牌强度总分经过一项专门的公式计算后，导出品牌折现率，品牌折现率体现了品牌在未来持续创造回报的可能性。

关于品牌强度评价指标如表 7-4 所示：

表7-4 互联网品牌价值中品牌强度评价指标体系

一级指标	二级指标	解释
市场指标	市场性质（0.1）	品牌所属行业的特性会影响品牌价值，例如新兴行业容易受到技术变革、时尚潮流变化的影响，所处行业变动大的品牌稳定性会受影响
	市场地位（0.25）	市场领导者更容易保持比较好的竞争优势，也往往比市场占有率低的企业品牌价值高
	品牌稳定性（0.15）	品牌的历史及连续性
	品牌国际性（0.25）	品牌行销范围
	品牌发展趋势（0.1）	品牌是否能顺应时代及需求变化
	品牌保护（0.05）	商标注册及所在地区的法律保护力度
	品牌支持（0.1）	该品牌是否获得持续投资或重点扶持
消费者指标	品牌知名度	品牌在用户中的知晓程度
	品牌认知度/感知质量	相对于预期目标及替代方案而言，用户了解产品或服务的具体用途后，对该产品或服务的质量或优势的整体感受
	品牌联想度	用户面对品牌会产生一系列联想，包括品牌个性、价值认知、企业联想等
	品牌忠诚度	用户满意度或忠诚度
社会指标	技术创新能力	市场责任
	信息安全/数据维护	社会责任
	绿色经营	环境责任

该品牌强度评价指标体系中的市场指标中各二级指标权重分配采用 Interbrand 品牌强度七因素的比重数据。而消费者指标和社会指标的二级指标比重，以及各一级指标的权重分配则采用层次分析法进行确定。具体步骤与上文品牌作用指数的确定一致。同时，专家根据相关的资料及对公司的认知，为百度、阿里巴巴、腾讯三家公司的品牌强度指标进行评分，评分结果如表7-5所示。

表7-5 互联网公司品牌强度指标体系及得分

一级指标	二级指标	二级指标比重	百度	阿里巴巴	腾讯
市场指标 (0.3108)	市场性质	0.0311	77	65	82
	市场地位	0.0777	81	75	82
	品牌稳定性	0.0466	78	76	77
	品牌国际性	0.0777	72	83	82
	品牌发展趋势	0.0311	77	75	86
	品牌保护	0.0311	75	85	85
	品牌支持	0.0155	82	75	80
消费者指标 (0.4934)	品牌知名度	0.0385	82	83	83
	品牌认知度/感知质量	0.0986	83	81	84
	品牌联想度	0.0986	77	71	81
	品牌忠诚度	0.2577	77	60	92
社会指标 (0.1958)	技术创新能力	0.1271	76	81	82
	信息安全/数据维护	0.0546	81	83	85
	绿色经营	0.0141	77	67	74
品牌强度得分			77.86	73.39	84.72

（四）品牌乘数的确定

Interbrand 公司提出 S 曲线，以反映品牌强度与品牌乘数的关系，二者呈非线性正相关关系，这一 S 曲线可以用以下公式近似表示：

$$250y = x^2, \quad x \in [0, 50] \tag{7-1}$$

$$(y-10)^2 = 2x-100, \quad x \in (50, 100] \tag{7-2}$$

其中，x 为品牌强度得分，y 为品牌乘数。

将上文中计算的三家公司品牌强度得分代入 S 曲线公式，进而得到其各自的品牌乘数。如表7-6所示。

表 7-6　我国互联网公司（BAT）品牌乘数

	百度	阿里巴巴	腾讯
品牌强度得分	77.86	73.39	84.72
品牌乘数	17.46	16.84	18.33

（五）品牌价值的确定

根据前文得到的数据，根据公式品牌价值=无形资产收益×品牌作用指数×品牌乘数，计算百度、阿里巴巴、腾讯三家互联网公司品牌价值。具体数据如表 7-7 所示。

表 7-7　2016 年我国互联网公司（BAT）品牌价值

	百度	阿里巴巴	腾讯
营业收入（百万元）	70549	158273	152344
利润总额（百万元）	14509	55002	51640
销售利润率（%）	20.57	34.75	33.90
计算机与软件服务业销售利润率（%）	11.70	11.70	11.70
所得税税率（%）	25	25	25
超额收益（百万元）	2814.72	16417.83	15217.09
加权平均超额收益（2014~2016 年）（百万元）	10947.99	33347.00	21158.94
品牌作用指数	0.586	0.4368	0.6372
品牌收益（百万元）	6415.52	14565.97	13482.48
品牌乘数	17.46	16.84	18.33
品牌价值（百万元）	112044.31	245294.62	247172.71

二、互联网公司品牌价值评估结果评析

Interbrand 品牌价值评估方法由收益法改进而来，因此企业利润创造能力是品牌评估的重要基础，虽然百度、阿里巴巴、腾讯均为中国互联网行业的知名领军企业，但从表 7-7 可以看出，三家公司的经营规模有明显差异，腾讯和阿里巴巴的营业收入及利润数据相近，而百度的营业收入还不到阿里巴巴的 1/2，销售利润率也不占优势。盈利方面的巨大差距对品牌价值评估结果的差异起到关键的作用，是造成此次评估中百度品牌价值远低于阿里巴巴及腾讯的主要原因。品牌价值评估过程不仅体现企业部分经营绩效，还能反映企业品牌管理的特点，BAT 这三家公司代表我国互联网行业三种不同的商业模式，其品牌建设也各有所长，品牌管理特色也会在品牌乘数得分中得以部分体现。下面将对百度、阿里巴巴、腾讯这三家公司的品牌特点加以总结。

（一）百度——前期品牌定位精准，后期品牌延伸及品牌国际化受限

1. 精准聚焦本土文化，病毒营销确立品牌地位

在中国互联网行业萌芽时期，新兴互联网企业层出不穷、竞争激烈，百度成立的时候并不是国内第一家提供网络搜索服务的公司，同时国外的搜索引擎巨头谷歌也走进中国网民的视野，然而百度却在较短的时间内确立了"第一中文搜索"的地位，这不仅得益于其中文搜索技术的创新，更受益于其精准的品牌定位和成功的品牌营销。面对国内搜索引擎无寡头的局面，百度率先将目标定位为"全球最大、最快、最新的中文搜索引擎"，这一定位契合当时国内搜索市场的空白点，及时并且精准，也引领了百度此后的发展道路。百度在品牌塑造方面显示出强烈的本土化色彩，不仅品牌名称来源于中国古代宋词"众里寻他千百度"，而且在"第一中文搜索"这一特点上着重宣传。通过拍摄以中国传统文化为取材背景的轻松诙谐的系列宣传片——《唐伯虎篇》、《刀客篇》、《孟姜女篇》、《名捕篇》，分别展现百度更懂中文、百度搜索快准狠、百度中文流量第一、百度搜索范围大且精准的优势及特

点。而这四部创意宣传片的传播也不同以往，是病毒式营销的典型代表。他们不通过传统的电视广告形式进行宣传，而是全部投放于新媒介，以契合百度作为互联网品牌的创新精神，并增强百度与网民的深切互动。其中《刀客篇》作为上市的广告片，面向华尔街的投资者播放，同时还被投放于楼宇视频广告。其他三个宣传片都以"病毒营销"的方式在互联网上传播。例如《唐伯虎篇》没有发过一篇新闻稿，从百度员工发电子邮件给朋友并在一些小网站挂出链接开始，只用一个月，就在网络上获得超过十万个下载或观赏点，至今仍在扩散中。幽默轻松的叙事形式也使网友在观看后会自发与周围人进行分享，符合病毒式营销的特点。这样的营销方式除了效果显著外，还有投放成本极低的优势，可谓一举两得，对百度品牌实现最优化的宣传。时至今日，无论是网页搜索还是移动搜索领域，百度仍然占据国内第一搜索引擎的绝对优势地位，从酷传统计的数据来看，手机百度的领域独占率高达90.45%，其2016年第四季度的平均月用户留存率为77.32%，搜索引擎的高用户黏性也是视频网站、电子商务网站等其他互联网存在形式所不能比拟的，百度当初选择国内搜索市场如今看来也依然是明智的。

    2. 品牌延伸屡遭困境，品牌国际化优势不足

    品牌延伸是指借助原有的已建立的品牌地位，将原有品牌转移使用于新进入市场的其他产品或服务（包括同类的和异类的），以及运用于新的细分市场之中，以达到以更少的营销成本占领更大市场份额的目的（卢泰宏，1997），此处的同类延伸和异类延伸也分别称为产品线延伸和产品类别延伸。我国的互联网公司在确立各自领域的领先地位后都会相继进行品牌延伸，百度也不例外，但百度在品牌延伸方面经历了不少挫折，也导致其后续与腾讯、阿里巴巴拉开了差距。首先，百度部分品牌延伸定位不清晰，没有发挥品牌延伸的作用。百度在确立搜索业务地位之后，向社区服务领域延伸，如百度百科、百度知道、百度文库、百度空间、百度贴吧等，这一系列子品牌对于百度搜索功能是重要的补充；但百度不满足于搜索领域，后续想要进军社交及电子商务领域，推出了百度Hi和百度有啊，无论是品牌名称还是产品特点，都没有真正引起用户的兴趣，更无法与腾讯、阿里巴巴等该领域的先进入者竞争，因此百度后来在这两个领域也没有获得预想的份额。到2016年，百度确定想要深入的领域已不包含曾经的社交及电子商务，更多集中在

新兴技术应用领域：以百度地图、百度云为主的智能交通、汽车交通领域，以百度大脑为主的智能医疗健康领域，以百度钱包为主的金融领域，以百度优课、百度传课为主的教育领域，以百度地图为主的旅游领域，以及与百度音乐、百度文学、百度安全等有关的硬件、文化娱乐、企业服务等其他领域。其次，百度的品牌延伸与主品牌定位产生了矛盾，主要体现在百度 2006 年宣布进入日本市场，百度之前的定位是更懂中文的中国第一中文搜索，表现出比较强烈的文化色彩，而进军与我国文化有明显差异的日本市场，对中国网民认知有一定的挑战，对先前的定位有一定的折损。而在日本市场百度最终铩羽而归，一是因为美国的雅虎和谷歌在日本市场有显著的领军优势；二是因为百度的捆绑安装、用户数据上传等问题引起日本的反对，在日本市场百度先前的定位优势不复存在，最终于 2015 年选择关闭了百度日本搜索引擎。百度如今也吸取了一定教训，海外策略逐渐变成绕开搜索技术，例如在越南、泰国、印度尼西亚、马来西亚、巴西等国家，利用 hao123、贴吧、知道、杀毒、浏览器等一系列工具类应用先行，再为日后推出搜索引擎建立基础。海外战略首战失利也反映出百度国际化之路的坎坷，百度 2015 年和 2016 年连续两年海外收入占收比均为零，此前海外收入占收比也不足 1%，可见百度作为国内知名品牌在国际化开拓道路上走得并不远。

(二) 阿里巴巴——注重多品牌动态管理，品牌国际化初显成效

1. 分类品牌、品牌延伸到品牌再造

阿里巴巴在业务扩张过程中非常注重多品牌的管理，其品牌组合也一直在动态调整中。品牌战略决策一般分为品牌延伸策略和多品牌策略，多品牌战略通常分为三类：分类品牌策略、个别品牌策略和企业名称加个别品牌策略。阿里巴巴最重要也最为人所熟知的两个品牌——淘宝和支付宝，都属于分类品牌策略，作为面向消费者的 C2C 业务，淘宝没有沿用在 B2B 市场已有所成就的阿里巴巴品牌，而是使用了消费者更易懂更容易传播的"淘宝"；支付宝作为消费者在购物时使用的支付服务，依附于 C2C 淘宝业务而生，也自然而然地沿用了"宝"字。这都不同于阿里妈妈、阿里软件等以企业名称加个别品牌的形式，后者更多面向商户，与面向消费者的淘宝、支付宝相比知名度可能没那么高，但冠以阿里的头衔，不仅体现其核心价值观与阿里巴

巴"让天下没有难做的生意"的理念一致，更降低了宣传费用，属于非常典型的品牌延伸策略。随着阿里巴巴业务的拓展，品牌也不断延伸，淘宝商城是就淘宝网孵化出的一个重要的成果。立足于 B2C 领域的淘宝商城的推出，使阿里巴巴集团的整个电子商务链都贯穿起来，形成了 C2B2B2C 的商业链。淘宝商城刚推出的时候是依存于淘宝网，两者使用同一个平台的资源，涉及业务从 C2C 到 B2C，相关程度比较接近，自然而然地使用了品牌延伸策略，但是后续淘宝商城吸引大量品牌入驻，搭建 B2C 垂直平台，向高端、高品质的特点发展，与淘宝个人与个人的品牌特点偏离。针对这一情况，阿里巴巴及时改变了策略，将淘宝商城更名为天猫，放弃依托淘宝的用户流量，作为独立品牌单独打造。事实证明，天猫的成立不仅解决了之前与淘宝的品牌冲突，更为阿里巴巴奠定了 B2C 领域的领军地位。

可见作为一家拥有众多子品牌子业务的互联网公司，阿里巴巴对不同业务施以不同的品牌策略，同时也根据公司的战略变革不断动态更新品牌组合。2008 年阿里巴巴集团开启"大淘宝"战略，欲打造一个以消费者为中心的网络购物生态系统，将所有的资源都投向淘宝网，甚至阿里妈妈也加入到大淘宝的行列，淘宝网平台也孵化出淘宝商城、一淘网、聚划算等优秀业务，但却使淘宝变得过于庞大和臃肿，制度的设计已经跟不上创新的需求，信息传递、创业热情都受到影响。因此，为了更好地适应不断变化的互联网世界，为了更好地整合集团内部资源，发挥各公司、各部门的潜能，阿里巴巴在 2011 年 6 月，宣布将淘宝一分为三：淘宝网、淘宝商城、一淘网，三家公司与阿里巴巴一起形成一个完整的电子商务产业链，针对不同客户提供服务。淘宝融入大阿里战略的核心，"大淘宝"战略顺势提升为整个集团的战略——"大阿里"战略。此后，阿里巴巴又将支付宝分拆出去，成立蚂蚁金服，作为阿里巴巴金融领域的重要板块。2016 年阿里巴巴又提出了"五新"战略，在新零售、新制造、新金融、新技术、新能源五个方面进行深入整合与发展。阿里巴巴的品牌战略都是以集团的角度出发，根据外部环境的变化及自身业务的发展，进行品牌塑造与组合，提升公司整体品牌价值。

2. 品牌国际化初显成效

与百度当初同谷歌竞争中国市场一样，阿里巴巴成立之初也与进入中国市场的 eBay 进行了激烈的竞争，而结果也相似，最终中国本土品牌占据市场优势。但在品牌国际化方面，阿里巴巴要比百度走得更远。首先，与百度成立时的品牌本土化定位不同，阿里巴巴在创立之初就确立了全球化的品牌目标。例如从品牌名称来说，与百度取词于宋词不同，阿里巴巴的名字来源于家喻户晓的西方民间故事，而且马云在起名之初特意反复询问他人是否听说过阿里巴巴这一名字，发现这一名字大家都知道，不同语种的发音也都几乎一致，这符合了马云创业之初的目标——创建一家全球化的、能够做 102 年的优秀公司。阿里巴巴的第一个网站 www.alibaba.com 也是英文界面的，阿里巴巴的国际化视野十分超前，不仅要做优秀的中国品牌，还要做响亮的国际品牌。其次，阿里巴巴的主要业务是电子商务，电子商务领域的国际化趋势明显。电子商务这一互联网行业细分领域时至今日都竞争激烈，无论是国外的亚马逊、eBay，还是国内的京东、苏宁，各国各地的电商品牌层出不穷、各具特色，品牌发展的空间依然存在。同时，经济全球化为电子商务的发展提供了良好的环境，跨国交易、跨国物流等发展迅速，国际贸易也存在线上发展趋势，这些都为阿里巴巴提供了国际化契机。从数据来看，阿里巴巴近五年的平均海外收入占收比为 9.15%，远远高于百度；作为阿里巴巴增长速度最快的业务——阿里云，其国际化进程也当属 BAT 三家中最快的，在 2017 年 6 月 10 日的云栖大会上，阿里云宣布将在印度和印度尼西亚新建数据中心，把阿里云全球覆盖面提高至由数十个飞天数据中心覆盖的 17 个区域，同时阿里巴巴在全球已有掌握 65 种语言的员工，从人才到技术，其全球布局在 BAT 中都是领先的。

(三) 腾讯——提升用户体验，全方位塑造品牌形象

1. 创意营销传播品牌形象

腾讯非常注重使用有创意的营销策略扩大品牌传播，塑造品牌形象。比如大事件营销。2015 年春节微信红包营销，几乎引起了全国手机用户的轰动，根据微信官方提供的数据显示，除夕当日微信红包收发总量达到 10.1 亿次，从 20 点到第二天凌晨零点 48 分的时间里，春晚微信摇一摇互动总量达到 110 亿次。自此微信红包功能能得到了广泛的传播，微信支付等一系列金融服务也打开了市场。情感营销也是近年来腾讯常用的营销方式。腾讯作为以社交为主的互联网公司，起到连接用户的作用，因而情感营销不仅能引起

用户的共鸣，还能极大地提升腾讯的品牌形象。如2016年母亲节，腾讯游戏推出为爱让步的营销方案，告诫用户放下手中的游戏，多给家人一些陪伴；早在几年前，QQ也不定时推出节日型情感营销；而QQ阅读更是进行了深度的"撩粉"活动，以"文艺"为切口，选择了和原创文学联系紧密的胡歌作为形象大使，体现QQ阅读的情怀：只有阅读，才能"越明白自己"。随着生活质量的提高，用户对于品牌的选择缘由也不同往日，越来越多的用户注重品牌所传达的精神理念。腾讯近年来的营销策略倾向于从用户的精神需求入手，以充满创意与想象力的方式满足用户一定的高层次需求，建立自身品牌的人文关怀与高品质特点，进而塑造更优秀的品牌形象。

2. 高用户黏性提升品牌价值

腾讯是BAT三巨头中拥有最多高黏性客户群的互联网龙头企业，一直为用户创造一流体验，旗下产品的升级会超出用户期待，使其品牌具有较高的黏性和美誉度，也因此增强了品牌强度。腾讯的QQ和微信在2016年12月活跃账户数分别达到了8.68亿元和8.89亿元，这是百度和阿里巴巴所不能比拟的，也是其品牌价值较高的重要原因之一。成功的互联网品牌通常都会率先探索创新解决方案，以满足某个具体的、未得到开发的消费者需求，在过去，出色的产品体验被视为品牌最重要的方面，但是随着品牌生态系统的逐渐发展，仅仅通过某一项产品体验来定义品牌已经变得越来越困难。这导致领先的互联网品牌不再完全专注于提供创新的产品体验，转而瞄准更高的目标，即怎样为消费者的日常生活带来实际改善。实际上，这导致品牌建设从"产品+社区"营销方式转向与消费者建立更深的情感联系。腾讯的目标是丰富人们的生活，把互联网技术贯穿于日常生活的方方面面，以激励人们的工作、娱乐、精神需求。腾讯关注两大关键领域：其一，关注作为连接者的角色，通过微信和QQ等即时通信软件和社交平台将人与人、人与服务、人与设备连接起来；其二，关注数字娱乐和内容，腾讯旗下拥有一系列互动娱乐平台，包括游戏、音乐、视频、网络文学和动漫，丰富人们的娱乐与精神需求。腾讯的作用就是将人与人连接起来，使人与人之间的联系更加多元、亲密、温暖，从而加强人际关系。随着移动互联网的兴起，经济和社会的各个方面都将与互联网连接，有了这种连接，腾讯就有可能通过提供真正以人为本的用户体验造福用户，把商业功能和社交服务融入人们的生活，变成不可分割的一部分。以人为本的品牌理念造就了高用户黏性，进而为腾讯带来了高品牌价值。

第三节 互联网企业品牌价值提升建议

通过上文对我国互联网企业的典型代表——百度、阿里巴巴、腾讯进行品牌价值评估及评价，可以进而总结出与互联网企业品牌价值提升相关的建议。品牌价值提升与品牌营销密切相关，本部分从品牌与多方利益相关者关系的角度出发，以基于整合营销理论的品牌价值提升模型为路径（见图7-5），围绕品牌价值的四个方面具体阐述。

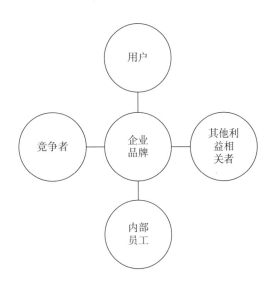

图 7-5 基于整合营销理论的品牌价值提升模型

一、提升用户体验，借助用户进行品牌传播

互联网的行业特性决定了大多数互联网企业都是直接面向用户，并以用

户价值为中心的，提升用户体验，或者说提升用户可感知的使用价值，是整合营销的首要环节。用户的品牌忠诚度是品牌价值的重要来源，也是品牌价值提升的重要目标，拥有忠诚度较高的用户意味着该互联网企业有机会获取更多的用户数据，对用户的特点进行更深入的了解与分析，与用户进行针对性的互动，进而更好地满足用户需求，提升品牌美誉度及忠诚度，形成良性闭环。如今互联网行业最为关注的用户数据，如活跃用户数、用户留存率等，都在一定程度上体现某企业用户忠诚度的高低。新媒体平台及营利性企业的双重身份使得互联网企业在品牌推广方面有较大的便利，网络媒体营销也是其品牌营销的主要方式，大数据营销、精准营销等营销方式的盛行，也体现了以用户为中心的营销策略的创新进展。互联网品牌在推广的过程中，首先要明确目标用户和场景，整合品牌的特征，根据产品特定的场景有针对性地向用户进行品牌的推广。在目标用户选择方面，需要对不同用户进行特征分析并加以策略区分，并依据相关的用户行为数据观察用户对品牌推广的反应及品牌营销的效果；而营销的场景与产品内容本身联系非常密切，比如网易云音乐在地铁发起的场景营销，精选网易云音乐中用户的歌曲评论，以故事和情感作为主要卖点，以评论中的人生感悟为共鸣，向来来往往、可能有相似经历的乘客进行感情与艺术的互动，达到品牌推广的目的。与高质量的营销策略相匹配，该企业的产品内容也应与品牌宣传相符，并能接受用户的反馈与意见，真正做到从一而终地创造用户价值。得益于互联网信息传播的高效性和开放性，用户评价的信息不再闭塞，而是其他用户的重要参考，这更是品牌塑造注重的环节，良好的用户体验通过互联网进行正面信息的传递，引起所谓的口碑传播，使用户自发为品牌价值的提升贡献能量。

二、塑造个性化品牌形象，提高企业竞争力

品牌的塑造归根结底是企业竞争的需要，而整合营销策略也是企业竞争战略的一环。互联网细分市场竞争较为激烈，产品同质化比较严重，比如我国互联网金融兴起之初，小额贷款应用在极短时间内大量涌现，抢占市场，以高回报吸引用户或企业加入，逐利的意味非常明显。但如何整合企业资源提高整体实力、完善不成熟的运作机制和商业模式却是许多企业没有考虑到

的，短视的营销反映出短视的经营理念，许多 P2P 平台后续经营出现问题，造成市场和消费者的巨大损失。提高品牌竞争力重要的是通过企业战略实施塑造鲜明的、正面的、与企业经营实力相符的个性化品牌形象。首先是基于整合营销理论的品牌定位。互联网品牌形象通常需要强调个性化、独创性，还要符合简洁、易传播等特点，同时具备一定的文化价值、象征意义或情感效应等，更重要的是品牌能代表给用户提供的部分功能或独特的用户体验，从而形成区别于竞争对手的独特的品牌定位。其次是基于整合营销理论的品牌命名。前文提到的百度和阿里巴巴，两家公司的命名方式有明显不同，而从品牌发展趋势的长远角度来看，阿里巴巴以全球化为初始愿景，其命名结果也更为显著，有利于打造享誉全球的国际化品牌。可见品牌命名不只是为了信息传递，更重要的是体现长期战略眼光。最后是基于整合营销理论的品牌推广。互联网在连接用户的同时也在连接互联网企业，在品牌推广方面，建立与竞争者有明显差异的推广策略固然有助于凸显特色，但互联网竞争实践无不表明，合作是品牌推广的利器，竞合思维已经成为互联网企业生存的共识，比如，腾讯旗下的微信其实是非常重要的新媒体平台，诸如京东等互联网企业在与腾讯进行业务合作的同时，也会借机利用微信平台进行品牌推广，达到强强联合。互联网企业在品牌建设方面也要与横向和纵向价值链上的相关企业谋求合作，充分利用网络渠道传播范围广、速度快、效率高的优势，加强消费者对品牌的认知，建立深入人心的个性化品牌形象，为互联网企业打造独特的企业竞争力。

三、深化企业内部资源整合，提高品牌内聚力

整合营销实际上是企业从战略高度整合各方面资源，达到组织效率最优，实现创造顾客价值及企业价值的营销目标。前文介绍了企业整合外部资源的视角与理念，如以用户为中心、与相关企业进行横向纵向的合作，而另一方面，企业内部文化建设和内部资源整合也极为重要。首先，企业需要进行品牌内部化，对员工解释、传达品牌的理念，深化以顾客价值为主导的核心思想，通过员工进行品牌内涵传递与品牌价值创造，进而为品牌外部化提供基础与前提，比如开展企业品牌文化理念学习活动，鼓励员工参与品牌建

设等，提高员工自身的品牌意识；同时企业要通过培训、交流、市场研究和跟踪业绩等多方面的整合评估来建立和强化员工对品牌建设的信心与贡献。其次，互联网企业需要建立与战略实施相对应的组织架构及业务流程，整合企业内部资源，提供快速、高效的服务，建立起持续的传递良好顾客体验的组织运营体系，以提高整合营销的效率。在组织架构方面，互联网企业也需要依据自身所处的生命周期及实施的战略变革对组织结构进行动态调整，大多数互联网企业有采取扁平化管理的组织结构的倾向，这有利于充分传递信息，发挥员工的积极性，保持企业的创新性。但随着规模的增加、业务的扩张，企业需要及时进行组织架构的变革以提高效率，比如阿里巴巴多次战略调整涉及组织变动和品牌变动，以提高企业整体的品牌价值；在业务流程方面，信息化优势为互联网业务流程建设提供了便利，在企业战略的指引下，以顾客需求为导向，营销、研发、财务、人事等部门互相融合、同步合作，实现品牌营销协同一体化，真正做到品牌内部化，进而升级为品牌最优外部化，实现提高品牌价值的目标。

四、关注社会责任，拓展企业品牌内涵

如今，企业社会责任在国内外都受到企业、政府、消费者等多方重视，企业社会责任的履行程度对其品牌美誉度、品牌知名度等有重要影响。Tores等的实证研究结果表明，企业承担社会责任对品牌权益有正向作用，品牌价值评估也渐渐引入社会责任因素。根据《企业社会责任蓝皮书——中国企业社会责任研究报告2016》的统计、评估与分析，中国互联网行业社会责任评级仅为一星级，互联网行业作为新兴行业，与传统行业相比，在社会责任方面还处于相对初级的阶段，有较大的发展空间。现阶段对于社会责任的关注重点在市场责任、社会责任、环境责任三个方面，不同的互联网企业在承担社会责任方面也各有侧重。比如阿里巴巴的核心业务是电子商务，而诚信和绿色物流是其承担社会责任的重点，商家的资质问题和假货问题曾一度使阿里巴巴的信誉受到威胁，用户的信任度下降，股票表现下滑，因此阿里巴巴着重关注诚信问题，严厉打击假货，以维护品牌的良好形象。同时电子商务的发展带来了下游物流行业的繁荣，由此产生的物流垃圾问题越来越严重，

低碳环保的绿色物流如今也是学界和企业关注的热点，这也是阿里巴巴、京东等电子商务企业社会责任的重要着力点。此外，公益也是所有企业都重视的领域，比如腾讯打造腾讯公益活动的同时，会借助微信平台进行推广，不仅集结了腾讯用户的力量实施公益活动，更是在向所有腾讯用户进行品牌宣传，一举两得的营销策略能够更好地进行品牌形象塑造。与利益相关者关系的维护直接影响到品牌形象塑造及品牌价值高低，关注并承担社会责任是整合营销的一部分，互联网企业品牌营销活动过程中不仅要考虑企业利益和用户需求，同时还要考虑社会责任及其他相关者的利益，在企业、顾客和社会三者之间平衡利益关系，以便全方位塑造品牌形象，拓展用户及社会可感知的品牌内涵，进而提升品牌价值。

参考文献

[1] Jones J. P. How to use advertising to build strong brands [J] . 1999.

[2] Shocker A. D., Aaker D. A. Managing brand equity [M] . The Free Pr, 1991.

[3] Kevin Lane Keller. Conceptualizing, measuring and managing customer-based brand equity [J] . Journal of Marketing, 1993, 57 (1): 1.

[4] Keller K. L., Heckler S. E., Houston M. J. The effects of brand name suggestiveness on advertising recall [J] . Journal of Marketing, 1998, 62 (1): 48-57.

[5] Keller K. L. Strategické řízení značky [J] . 2007.

[6] Holt D. B. How to build an iconic brand [J] . 2003 (21) 35-42.

[7] Rios R. E., Riquelme H. E. Brand equity for online companies [J] . Marketing Intelligence & Planning, 2008, 26 (7): 719-742.

[8] Page C., Lepkowska -White E. Web equity: A framework for building consumer value in online companies [J] . Journal of Consumer Marketing, 2002, 19 (3): 231-248.

[9] Na W. B., Marshall R. Brand power revisited: Measuring brand equity in cyber-space [J] . Journal of Product & Brand Management, 2005, 14 (1): 49-56.

[10] Christodoulides G., De Chernatoni L., Furrer O., Shiu E., Abimbola T. Conceptualising and measuring the equity of online brands [J]. Journal of Marketing Management, 2006 (22): 799-825.

［11］Ailawadi K. L., Keller K. L. Understanding retail branding：Conceptual insights and research priorities ［J］. Journal of Retailing, 2004, 80 (4)：331-342.

［12］Argyriou E., Kitchen P. J., Melewar T. C. The relationship between corporate websites and brand equity：A conceptual framework and research agenda ［J］. International Journal of Market Research, 2006, 48 (5)：575-599.

［13］Rosa E. Rios, Hernan E. Riquelme. Brand equity for online companies ［J］. Marketing Intelligence & Amp；Planning, 2008, 26 (7)：719-742.

［14］Aaker D. A.. Building strong brands ［M］. The Free Press, 1996.

［15］Prahalad C. K., Hamel G. The core competence of the corporation ［J］. Harvard Business Review, 1990 (68)：79-91.

［16］Reza Motamenti, Manuchehr Shahrokhi. Brand Equity Valuation：A global perspective ［M］. MCB UP Ltd., 1988.

［17］周志民. 品牌管理 ［M］. 天津：南开大学出版社, 2008.

［18］刘红霞, 杨杰. 从英特公司的品牌评估模型看我国企业品牌价值评估 ［J］. 会计之友, 2005 (8)：47-48.

［19］王熹. 品牌价值评估体系及其方法选择 ［J］. 价格理论与实践, 2012 (3)：85-86.

［20］马蕾雅. 阿里巴巴品牌价值评估研究 ［D］. 华北电力大学硕士学位论文, 2015.

［21］龚艳萍, 谌飞龙. 品牌价值评估的理论演进与实践探索 ［J］. 求索, 2014 (3)：24-30.

［22］何瑛, 郝雪阳. 我国电信运营企业品牌价值评估研究 ［J］. 价格理论与实践, 2012 (11)：72-73.

［23］李甲秋. 阿里巴巴集团品牌建设研究 ［D］. 北京印刷学院硕士学位论文, 2012.

［24］卢泰宏, 黄胜兵, 罗纪宁. 论品牌资产的定义 ［J］. 中山大学学报 (社会科学版), 2000 (4)：17-22.

［25］卢泰宏, 吴水龙, 朱辉煌等. 品牌理论里程碑探析 ［J］. 外国经

济与管理，2009（1）：32-42.

[26] 卢泰宏．品牌资产评估的模型与方法 ［J］．中山大学学报（社会科学版），2002（3）：88-96.

[27] 符国群．Interbrand 品牌评估法评介 ［J］．外国经济与管理，1999（11）：37-41.

[28] 范秀成，冷岩．品牌价值评估的忠诚因子法 ［J］．科学管理研究，2000（5）：50-56.

[29] 贾宁，张海燕，陈晓．品牌的市场估值效应与启示 ［J］．中国会计评论，2010（3）：257-274.

[30] 王成荣，李亚．品牌价值社会化评价方法的改进与创新——Sino-brand 品牌价值评价法 ［J］．管理评论，2005（1）：47-52，62-64.

[31] 符国群．消费者对品牌延伸的评价：运用残差中心化方法检验 Aaker 和 Keller 模型 ［J］．中国管理科学，2001（5）：63-68.

[32] 王成荣，李亚．一种适合中国国情的品牌资产评价方法 ［J］．管理评论，2003（9）：31-35.

[33] 张曙临．论品牌权力与品牌价值 ［J］．消费经济，1999（6）：27-30.

[34] 张勇．品牌生命周期内的价值评估研究 ［J］．商，2015（3）：132.

[35] 崔从俊．浅析互联网企业品牌价值评价方法 ［J］．中国品牌，2015（8）：91-92.

[36] 俎超．基于整合营销的品牌价值提升分析 ［J］．科技与管理，2010（3）：40-42.

[37] 吴俊杨．互联网环境中品牌延伸的影响因素 ［D］．浙江大学硕士学位论文，2011.

[38] 黄宇芳，刘宸宇．互联网巨头品牌制胜法宝——以腾讯、百度、阿里巴巴为例 ［J］．通信企业管理，2013（4）：20-23.

[39] 王斌．从百度看品牌的传播策略 ［J］．今传媒，2014（6）：72-73，90.

[40] 梁旭昱，刘晓硕．《品牌价值评价互联网及相关服务》标准解读

［J］. 品牌与标准化，2016（6）：64-65.

［41］袁安府，黄丹，邵艳梅. 品牌价值提升影响因素研究［J］. 商业研究，2013（6）：133-143.

［42］谌飞龙. 品牌系统角色解构下品牌资产价值评估研究［J］. 品牌研究，2017（2）：97.

［43］范文跃. 互联网及相关服务品牌价值评价体系探讨［J］. 品牌与标准化，2014（15）：71-73.

［44］孙宁. 基于 inter 品牌价值评估模型的公司品牌价值评估方法研究［D］. 云南大学硕士学位论文，2016.

［45］卢泰宏，谢飙. 品牌延伸的评估模型［J］. 中山大学学报（社会科学版），1997（6）：9-14.

［46］艾伦·亚当森. 品牌简单之道［M］. 姜德义译. 北京：中国人民大学出版社，2007.

［47］邴红艳. 品牌竞争力影响因素分析［J］. 中国工程科学，2002（5）.

［48］菲利普·科特勒（Philip Kotler）. 市场营销管理（第六版）［M］. 北京：华夏出版社，2004.

［49］何阿乜. 企业品牌竞争力的评价指标体系构建［J］. 重庆科技学院学报（社会科学版），2010（3）：100-102.

［50］赫尔曼·哈肯. 协同学：大自然构成的奥秘［M］. 上海：上海译文出版社，2005.

［51］季六祥. 一个全球化的品牌竞争力解析框架［J］. 财贸经济，2003（8）.

［52］季玉群. 试析高科技企业的品牌策略［J］. 软科学，2004，18（2）.

［53］蒋亚奇，张亚萍. 基于层次分析法的企业品牌竞争力评价与测度研究［J］. 经济研究导刊，2011（8）：139-141.

［54］李光斗. 品牌竞争力［M］. 北京：中国人民大学出版社，2004.

［55］李海鹏. 企业品牌竞争力测评研究［D］. 辽宁大学博士学位论文，2012.

［56］刘平均．品牌价值发展理论［M］．北京：中国质检出版社，中国标准出版社，2016．

［57］马轶男．品牌竞争力的评价指标体系的构建［J］．经济问题探索，2013（3）：153-157．

［58］马轶男．盲数与模糊综合评价法用于品牌竞争力评价的对比研究［J］．昆明理工大学学报（自然科学版），2016（6）：124-128．

［59］迈克尔·波特．竞争优势（中译本）［M］．北京：华夏出版社，2005．

［60］芮明杰，袁安照．管理重组［M］．杭州：浙江人民出版社，2001．

［61］沈忱，李桂华，顾杰，黄磊．产业集群品牌竞争力评价指标体系构建分析［J］．科学学与科学技术管理，2015（1）：88-98．

［62］吴亚芳．基于顾客价值的乳制品企业品牌竞争力评价研究［J］．现代信息经济，2013（3）：46-47．

［63］吴燕燕．自主创新品牌资产价值评价研究［D］．合肥工业大学硕士学位论文，2015．

［64］许基南．品牌竞争力研究［M］．北京：经济管理出版社，2005．

［65］许莹．基于科技创新的品牌经济发展研究［J］．企业技术开发，2015，34（35）．

［66］袁建文．高科技企业的品牌竞争力［J］．学术交流，2003（2）．

［67］张放．企业品牌竞争力及其评价研究——以中国烟草行业为例［D］．武汉理工大学博士学位论文，2010．

［68］张世贤，杨世伟，赵宏大，李海鹏．中国企业品牌竞争力指数系统：理论与实践［M］．北京：经济管理出版社，2011．

后　记

　　《科技创新企业品牌竞争力指数报告》的顺利完成和出版，得到了中国社会科学院工业经济研究所、中国企业管理研究会、江苏省科技创新协会、长三角创新发展研究院、中国企业管理研究会品牌管理专业委员会、南京工业大学经济与管理学院等机构的积极支持，来自学术界的知名专家组成的专家委员会对报告的编写思路和框架设计提出了宝贵建议，并给予了大力支持和帮助，在此一并表示诚挚的感谢。

　　本报告的整体框架由南京工业大学经济与管理学院党委书记赵顺龙和中国社会科学院工业经济研究所研究员杨世伟负责设计，全书共分为三个部分：导言部分由中国社会科学院工业经济研究所研究员杨世伟负责执笔；理论和方法篇由经济管理研究院副研究员胡茜、范美琴，中国社会科学院研究生院硕士研究生杨芸榛负责写作；应用篇由南京工业大学王京安教授和北京邮电大学何瑛教授、北京邮电大学博士研究生于文蕾等负责执笔。报告的撰写还参考了许多国内外的研究文献和研究报告，在此一并表示感谢！

　　由于受经验、时间、资料来源等方面的限制，报告的内容难免有偏颇或疏漏之处，书中观点、说法、结论不足之处敬请读者批评与指正，报告团队将共同努力，精益求精，为科技创新企业品牌竞争力的研究贡献更优秀的著作。

《科技创新企业品牌竞争力指数报告》课题组

2017 年 12 月 1 日